Mon chat
et son caractère

Éditions du Dauphin
43-45 rue de la Tombe-Issoire
75014 Paris
www.editionsdudauphin.com

Titre original : *The Cat Behavior Answer Book*

Originally published in the United States by Storey Publishing LLC

ISBN : 978-2-7163-1463-3

ARDEN MOORE

Avec la participation du Docteur Belais,
vétérinaire

Mon chat et son caractère

Solutions à tous les problèmes
que vous pourrez rencontrer

Réponses à toutes les questions
que vous pourrez vous poser

2de édition

DAUPHIN

Table des matières

Préface

Regardez en face les faits félins. Chez le « cat », chat en anglais !, le C est pour curieux, le A pour « astucieux » et le T pour « tenace ». N'attendez pas de lui qu'il s'excuse ou s'abaisse – laissez cela aux chiens si avides de plaire. Les chats s'enorgueillissent d'être sincères au sujet de ce qu'ils veulent, quand ils le veulent.

Sans équipe marketing hors de prix ni de show époustouflant à Bercy, les chats ont supplanté sans tambours ni trompettes le prétendu meilleur ami de l'homme, à savoir le chien, en termes de nombre et de popularité dans le monde. Rien qu'en France, le nombre des chats dépasse celui des chiens : 11 millions contre 9 millions. Certaines personnes peuvent bien dire « mon chien m'aime vraiment », mais les gens s'exaltent vraiment quand ils déclarent « Je suis fou de mon chat, et je crois qu'il m'adore aussi. »

Nous vivons pour leurs ronronnements ronflants, leur chaleur dans notre giron, et leurs bêtises amusantes. Les félins peuvent être drôles, délicats, frustrants, et parfois même un peu capricieux. Vous vous demandez pourquoi votre chat vous enfonce ses griffes dans les cuisses tout en étant câlin. Peut-être êtes-vous interloqué par la préférence que votre Persan manifeste pour votre oreiller par rapport à sa litière. Et que dire de son habitude à rapporter à la maison des boules de poils, des oiseaux morts ou de mordiller les oreilles ?

Vous pouvez rester embarrassé et perplexe à essayer de comprendre pourquoi les chats font ce qu'ils font. C'est pourquoi j'ai écrit ce livre. Je vous propose de considérer *Mon chat et son comportement* comme un guide pour mieux comprendre les mystères de la pensée et des actions du chat. J'y ai réuni les réponses aux questions régulièrement posées au cours d'émissions de télévision et de radio sur les animaux de compagnie, ou lors de conférences que je donne en ma qualité d'éditrice de la revue *Catnip – Herbe à Chat* – et en tant qu'ancienne chroniqueuse animalière pour *Prevention*. Dès que les gens découvrent mon métier et apprennent que deux chats dirigent ma maison – leurs questions affluent. *Que fait mon chat… ? Comment puis-je faire cesser mon chat de… ? Quelle est la meilleure façon d'enseigner à mon chat de… ?* On me les pose dans les librairies, aux mariages, au supermarché et même dans les parcs animaliers.

Une amie m'appelle en plaisantant Dr Doo, pour docteur Doolittle, à cause du nombre de fois où elle m'a vue apporter des solutions à un propriétaire de chat débordé. Bien sûr, je ne suis pas Docteur et je ne me présente jamais comme tel à la télé. Mais je suis une experte en animaux de compagnie, qui travaille régulièrement avec les meilleurs représentants de la médecine vétérinaire ainsi qu'avec des comportementalistes animaliers.

Je souhaite vous aider à mieux comprendre les mœurs des félins et vous apporter des solutions pratiques à leurs problèmes.

Alors, renoncez à l'idée que vous pouvez appliquer la « psychologie canine » à votre compagnon félin. Ce qui peut marcher avec votre adorable Labrador ne marchera pas avec votre Abyssin, qui lui, exigera toute votre attention.

À la place, feuilletez plutôt ces pages avec l'esprit ouvert et la soif d'apprendre. Le légendaire Docteur Doolittle parlait aux animaux. Je suis ici pour vous parler sans détours.

Préface

Le chat est resté longtemps un animal méconnu. Tantôt adulé tel un dieu par certaines civilisations, tantôt rejeté comme un animal maléfique par d'autres peuples, le chat est devenu le premier compagnon de l'homme dépassant largement le chien depuis plusieurs années.

Le chat paraissait mystérieux, indépendant, solitaire, parfois pouvant devenir agressif mais il était méconnu.

Ces quinze dernières années, l'étude du comportement et du caractère du chat nous a fait découvrir un animal attachant, intuitif, sociable et en osmose avec ses propriétaires.

Le chat est devenu l'animal de compagnie préféré des propriétaires d'animaux dans notre pays.

Les gens ont découvert sa complicité, sa présence réconfortante, sa discrétion, sa propreté innée, sa sensibilité, et surtout son caractère qui en ont fait le compagnon des personnes vivant seules mais également des familles nombreuses. Véritable partenaire de jeux pour les enfants, présence indispensable pour les personnes seules, confident fidèle et discret, soutien psychologique et médical auprès de nombreuses personnes et familles, le chat a fini par s'imposer naturellement.

Le chat, de par son caractère, est désormais conseillé en tant qu'animal thérapeutique auprès de personnes fragiles psychologiquement et même auprès d'enfants malades dans certains hôpitaux.

La présence d'un chat nous fait découvrir tous les jours des jeux, des complicités, des échanges tendres avec l'animal. Le chat est comme une éponge, il absorbe nos tensions, nous décontracte et nous apaise. Le chat de par son caractère est devenu l'animal de compagnie du XXIe siècle.

Ce manuel plein d'anecdotes sur les chats explique leurs traits de caractère et ouvre les yeux sur la complexité de leur comportement. Les comprendre, c'est les aimer !

Avec plus de cent réponses aux questions répertoriées par tous les amoureux de chats et de nombreuses illustrations, ce livre malicieux, plein d'humour et très en pointe sur la connaissance du chat et de son comportement, nous amène à mieux le connaître et vivre ainsi CHEZ LUI en toute quiétude.

Serge Belais, vétérinaire

Remerciements

Je tiens à remercier tous les vétérinaires, comportementalistes animaliers, personnel des refuges et individus talentueux de la CFA (Cat Fanciers'Association) et de la Feline Foundation, ainsi que tous les amis des chats qui ont généreusement partagé leur temps, leurs talents et leurs idées pour l'écriture de ce livre. Mention spéciale à mon équipe d'experts en comportement félin, Joan Miller, Alice Moon-Fanelli et Arnold Plotick.

PREMIÈRE PARTIE

Se sentir bien dans sa peau de félin

Ah, la vie de chat… tout y semble parfait. Repas garantis. Tout le temps du monde pour faire la sieste. Un assistant personnel pour nettoyer votre litière. Il est facile d'éprouver un petit pincement d'envie pour nos félins. Mais que savons-nous vraiment d'eux ?

Pour commencer, nous aimons nos amis à fourrure, mais les Égyptiens les vénéraient littéralement. Des siècles plus tard, la situation s'était inversée complètement, et les habitants superstitieux de la vieille Angleterre en brûlèrent des milliers sur le bûcher. Aimés et détestés – tel fut le destin des chats à travers les siècles. Aujourd'hui, davantage de chats que de chiens nichent dans les foyers français.

Dans ce chapitre, je discute de bien des aspects de ce que signifie « être un chat ». Pour commencer, ils aiment réfléchir. Après tout, ils ont attendu environ dix mille ans après la domestication du chien pour daigner fréquenter les humains. Ils aiment bondir, ce qui explique comment votre cheville peut être confondue avec une grosse souris dans le couloir. Ils vont vous séduire par des ronronnements pour obtenir une place confortable sur vos genoux, un délicieux morceau de poisson ou une caresse sous le menton.

Astucieux, candides et intelligents – les chats ont toutes ces qualités et bien d'autres encore.

Chat vraiment malin

Q Dans notre foyer, nous avons un Border collie, un caniche et un chat Abyssin. Ces deux races de chiens sont connues pour leur intelligence, mais mon Aby, nommée Mensa, n'est pas en reste en fait de puissance mentale. Elle répond à son nom, supporte la laisse, et vient à la cuisine où elle s'assied poliment quand on lui demande si elle veut une friandise. À quel point les chats sont-ils intelligents, et comment apprennent-ils ?

R Il y a beaucoup d'intelligence concentrée dans le félin, et vous ne serez peut-être pas surprise de découvrir que les chats apprennent de la même façon que les chiens et les gens. Les chats possèdent une mémoire à court terme et une autre à long terme. C'est pourquoi ils se dirigent vers leur litière ou leur plat toujours placés aux mêmes endroits (long terme) ou qu'ils s'adaptent si ces objets de première nécessité ont été déplacés dans une autre pièce (court terme). Exactement comme les gens et les chiens, les chats apprennent en observant, en imitant, et par le jeu des essais et erreurs.

Le comportement de Mensa peut ressembler à celui d'un chien, mais les chats sont des adeptes convaincus du « y a-t-il là-dedans-quelque-chose-pour-moi ? ». Alors que les chiens ont tendance à chercher à nous plaire pour obtenir une friandise, les chats décident de ce qu'ils font et quand ils le font. S'ils peuvent raisonnablement penser que vous leur attribuerez une récompense acceptable, alors ils peuvent décider de venir quand on les appelle, s'asseoir pour recevoir une friandise ou toute autre chose.

Les chats apprennent également en observant attentivement ce qui se passe dans la maison. Par exemple, les chats astucieux observent leurs maîtres ouvrir une porte, et essayent ensuite de renouveler cet exploit. Une de mes amies possède un Siamois qui a appris comment caresser le bouton de porte du garage pour l'ouvrir. Pour empêcher son chat de s'enfuir quand la porte du garage est ouverte (heureusement, Sheba n'a pas encore découvert où se trouve le mécanisme d'ouverture de la porte du garage, monté sur le mur) mon amie a dû ajouter une fermeture automatique à cette porte.

L'évolution joue un rôle dans la façon dont chaque espèce se développe. Par exemple, vos deux chiens peuvent creuser un trou peu profond dans le jardin par une chaude journée d'été, pour se rafraîchir le ventre. Ce comportement instinctif fut transmis d'une génération à une autre. Les chats, toutefois, n'ont pas la réaction innée de creuser pour se rafraîchir. Leurs pattes ne sont pas faites pour remuer la terre. Ils seront davantage portés à chercher un endroit écarté d'où ils pourront surveiller les prédateurs tout en se rafraîchissant. Et comme ils prennent un soin méticuleux de leur apparence, ils ne sont pas très chauds pour se rouler dans la terre et salir leur robe.

Finalement, les chats sont des maîtres manipulateurs. Créatures d'habitudes, ils font appel à leurs pouvoirs d'observation et d'apprentissage par association pour utiliser la routine du foyer à leur avantage. Callie, ma calice, chatte à fourrure tricolore m'a mieux dressée que je ne veux bien l'admettre. Au moins une fois par jour, pendant que je travaille à la table de la salle à manger, elle se perche sur une marche au milieu de l'escalier, prend une pose charmante pour me faire les yeux doux et émet un miaulement suave. C'est le signal m'indiquant que je dois quitter la table, ouvrir un placard de l'office et lui donner une ou deux pincées de son poisson préféré.

Naturellement, elle n'a pas descendu l'escalier un beau jour en se disant : « Je veux une friandise et je sais comment en obtenir une », mais la première fois qu'elle s'est arrêtée dans l'escalier en miaulant, je me suis levée d'un bond pour lui apporter une friandise, et elle a su qu'elle avait trouvé un bon filon. Sa position est stratégique : au niveau de la porte de l'office. Je sais que je suis manipulée, mais je m'exécute avec joie. Callie est assez intelligente pour connaître mes faiblesses, et pour les utiliser à son avantage. Alors, quelle est la plus intelligente des deux ?

Savourer les moments de somnolence

Q Gracie, ma tigrée rayée de noir, a une vie étonnante. J'ai l'impression qu'elle dort toute la nuit et une grande partie de la journée. Je voudrais pouvoir dormir autant qu'elle. Elle me consacre de brèves séances de jeu, et elle adore le moment des repas. Elle a l'air plutôt contente, mais je me demande si tant de sommeil est normal pour un chat.

R Les chats adorent une bonne nuit de sommeil et des tas de petites siestes pendant la journée. Ils sont vraiment les « belles au bois dormant » du monde, dormant en moyenne 17 à 18 heures par jour, c'est-à-dire les deux tiers de leur vie. Ils dorment environ deux fois plus que les autres mammifères, mais ils ne s'en plaignent pas. Leur nombre d'heures de sommeil par jour est influencé par : l'âge (les chatons en pleine croissance ont tendance à dormir plus que les chats adultes), leur sens de la sécurité (partager un foyer avec un chien qui poursuit les chats le maintiendra éveillé et méfiant), et le temps qu'il fait (ce qui explique pourquoi votre chat creuse un tunnel sous votre couette pour ronfler pendant une tempête de neige).

Vous dites que Gracie semble contente. Assurez-vous que vous ne confondez par contentement et ennui. Les chats qui s'ennuient dorment davantage que les chats qui interagissent et jouent avec les gens et les autres animaux de la maison. Encouragez donc ces moments de jeux tous les jours. Même cinq ou dix minutes lui activeront le cerveau, feront travailler ses muscles, et lui donneront de bons souvenirs à emporter avec elle au pays des rêves.

Testez le Q.I. de votre chat

Quelle est au juste l'intelligence de votre chat ? Une façon informelle de la tester est d'évaluer sa capacité à discerner la permanence des objets. Destiné à l'origine à étudier le développement cognitif des enfants, ce test peut être appliqué aux chats.

Montrez à votre chat un objet bien en vue, tel qu'une souris jouet. Puis cachez la souris en posant dessus un dossier ou en plaçant tout autre objet solide devant elle. Pour être l'égal d'un enfant de dix-huit mois, votre chat devrait regarder derrière l'objet pour retrouver la souris, plutôt que penser qu'elle a disparu totalement.

Les chats super-intelligents, doués de la capacité à penser comme un enfant de deux ans, seront capables de suivre la trajectoire d'un objet qui sort de leur champ visuel. Ils devraient ainsi pouvoir prédire où reparaîtra une souris qui a détalé sous un canapé, et utiliser cette information pour bondir quand la souris réapparaît.

Plonger au pays des rêves

Q J'adore regarder dormir mon chat. Il remue beaucoup, et émet parfois de petits couinements. Ses pattes frémissent et ses moustaches tremblent. Est-il en train de rêver ?

R Les chats rêvent effectivement, mais nous ne pouvons que spéculer sur le sujet de leurs rêves. Il se peut que votre chat soit en train de revivre la capture d'une mouche bourdonnante près d'une fenêtre ensoleillée, ou un sprint particulièrement rapide dans le couloir. Peut-être se remémore-t-il avec amusement comment il vous a fait du charme pour que votre dernier morceau de thon atterrisse dans son bol.

Nous avons des preuves scientifiques que les chats rêvent. Comme celui des humains, le sommeil des félins comporte deux phases – REM (sommeil paradoxal, avec mouvement rapide des yeux, pendant lequel les rêves apparaissent), et le sommeil profond. Vous saurez quand votre chat est en phase REM parce que ses pattes peuvent alors frémir, ses moustaches trembler et ses yeux bouger derrière ses paupières closes.

Des études utilisant des électro-encéphalogrammes (EEG) pour détecter l'activité du cerveau chez les chats endormis indiquent que les chats sont en phase REM pendant environ 30 % de leur temps de sommeil, et que leurs ondes cérébrales pendant le sommeil REM sont similaires aux nôtres. Par comparaison, nous passons environ 20 % de notre temps de sommeil en phase REM (80 % pour les bébés humains.)

Quand les chats ne rêvent pas, ils sont en phase de sommeil profond. C'est la phase durant laquelle le corps travaille à réparer et régénérer les os et les muscles, et à renforcer le système immunitaire qui nous protège des maladies. Le seul mouvement que vous pouvez détecter durant cette phase, c'est l'inspiration et l'expiration.

Info chat

Les chats sont des dormeurs champions, mais les chauves-souris et les opossums dorment encore davantage. Ces animaux dorment en moyenne 20 heures par jour.

Les cinq sens félins

Q Je sais que ma chatte Cléo entend bien mieux que moi. Elle peut être plongée dans un profond sommeil au premier étage de la maison, et pourtant dévaler les escaliers quand elle m'entend ouvrir la porte du réfrigérateur. C'est là que je conserve sa friandise préférée : des petits morceaux de poulet rôti. Le temps que j'ouvre la boîte, elle se frotte affectueusement contre mes jambes. Mais parfois, Cléo semble ne pas remarquer une souris jouet sous son nez. Quand il s'agit des cinq sens, comment les chats se comparent-ils aux humains ?

R Vous avez raison de dire que les chats entendent bien mieux que les humains. Si je murmurais cette vérité dans une pièce, alors que vous et Cléo seriez dans une autre, je parierais l'hypothèque de la maison que Cléo entendrait mes paroles et que vous n'entendriez rien. En fait, les chats entendent mieux que les chiens. Ils entendent même les ultrasons, c'est-à-dire les très hautes fréquences.

Le son est produit par des vibrations, et le nombre de vibrations par seconde s'appelle « fréquence ». La fréquence se mesure en Hertz (Hz) – un hertz étant égal à une vibration par seconde. Les chats peuvent entendre jusqu'à 100 000 Hz, comparés à des valeurs comprises entre 35 000 et 40 000 Hz pour les chiens, et 20 000 Hz pour les humains. Pourquoi les chats entendent-ils tellement mieux que nous ? Tout d'abord, jetez un coup d'œil sur une oreille de félin. Ces merveilles coniques peuvent tourner comme de mini-antennes satellites pour se braquer sur le son. Avec leur capacité à recevoir les hautes fréquences, les chats peuvent détecter plus vite que nous les couinements d'une souris intruse dans la maison. Maintenant, passons en revue les quatre autres sens pour voir comment nous nous comparons à nos amis félins.

▶ **Le nez sait.** Les chats s'informent sur leur environnement en reniflant les faits. Leur nez concentre environ 200 millions de cellules de l'odorat, comparées à nos misérables 5 millions. Le nez du chat fait davantage que renifler les friandises sur le carrelage de la cuisine. Les chats se servent de leur nez pour communiquer avec d'autres chats. Chaque fois qu'un chat frotte les glandes « odoriférantes » de sa tête ou de ses pattes contre un objet, il laisse une carte de visite féline que d'autres chats pourront flairer et interpréter.

▶ **Toucher tâter.** Les chats s'en remettent à leurs moustaches et à leurs pattes pour reconnaître leur environnement. Vous serez peut-être étonné d'apprendre que l'on trouve des moustaches non seulement autour de leur bouche, mais aussi à l'arrière de leurs pattes antérieures. Ils se servent des moustaches comme d'antennes, touchant les objets qui les entourent ce qui leur permet de savoir s'ils peuvent passer par d'étroites ouvertures. Des moustaches sensorielles spéciales appelées « vibrisses » aident les chats à traquer leur proie et à se diriger. Cela dit, il y a quelques exceptions notables parmi les races félines qui manœuvrent assez bien sans longues moustaches. Par exemple, le Cornish Rex et l'Americain Whirehair ont de courtes moustaches bouclées, alors que le Devon Rex n'en a pratiquement pas, et le Sphynx pas du tout. Toutes ces races sont rapides et agiles, malgré leurs moustaches courtes ou inexistantes.

▶ **Le goût n'est pas tout.** Les chats ont la réputation d'être des mangeurs délicats, et il y a une explication scientifique à cela. Les chats n'ont environ que 473 papilles, comparées aux 9 000 que nous possédons. Parce que les papilles félines sont peu nombreuses et peu développées, les chats dépendent davantage de l'odorat que du goût. Ils n'adoptent pas la devise canine « mange d'abord, questionne ensuite » quand il s'agit de nourriture.

▶ **Les yeux voient bien.** Finalement, la raison pour laquelle Cléo ne voit pas cette souris jouet juste sous son nez, c'est parce ce que celle-ci ne bouge pas. Lorsqu'il s'agit de la vue, les chats voient mieux que nous le mouvement, grâce à leur vision périphérique supérieure. Leurs pupilles peuvent se dilater mieux que les nôtres pour obtenir une vue panoramique. Toutefois, ils peuvent être un peu myopes et ne pas voir ce qui est littéralement sous leur nez, comme cette fameuse souris jouet, parce qu'ils ont un angle mort sous le menton. à distance égale, les chats voient quatre fois mieux que nous.

Prédateurs ou proies

Q J'adore regarder mes trois chats se disputer une souris jouet et chasser les plumes d'une baguette emplumée. Pourquoi leur instinct de chasseurs est-il encore si fort après des millénaires de domestication ?

R Alors que nous pensons généralement aux chats en tant que puissants chasseurs, ils remplissent en fait le rôle à la fois de proies et de prédateurs, selon l'espèce à laquelle ils sont confrontés. Tous les félins, du puissant lion au mignon chaton ronronnant sur vos genoux, sont génétiquement programmés pour chasser. Conformément à leur taille, les chats se concentrent sur les oiseaux et les petits mammifères. Chose intéressante, les biologistes considèrent les chats comme experts en petits mammifères et opportunistes en oiseaux, parce qu'ils ont tendance à ne pas être très habiles à attraper les oiseaux à moins que ceux-ci ne soient malades ou ne se nichent au sol. Le comportement prédateur est en grande partie inné, et les chatons affichent très tôt une tendance à chasser les objets mouvants et à bondir sur leurs frères et sœurs. Comme nous, ils apprennent à leurs dépens, et leurs jeux les aident à accroître leur vitesse et à affiner leurs capacités de saut.

Leurs mères les éduquent également par l'exemple. Les chats de plein air apportent souvent une souris morte à leur litière, et la mangent devant leurs chatons pour faire la démonstration d'un comportement nécessaire. La mère présentera ensuite un animal mort à ses petits pour qu'ils le mangent eux-mêmes, et finalement, ramènera à la maison une créature presque morte pour que les chatons l'achèvent. Ces expériences aiguisent leur adresse à chasser et tuer. Pour les chats d'intérieur, la proie sera peut-être un jouet acheté au marché ou votre pantoufle rose. Mais les leçons apprises sont les mêmes, et bien des chats qui n'ont jamais vu une souris ou un oiseau avant d'être adulte ont vite fait de comprendre comment attraper et tuer leur proie.

Quand la situation se renverse et que le chat devient la proie, ils font appel à leurs capacités de survie et à la technique lutte-ou-fuis. Les chats d'extérieur sont en danger, et ce, pas seulement à cause des chiens du voisinage. Même dans les banlieues, ils sont souvent victimes d'autres prédateurs. Généralement, leur première réaction est de fuir, si c'est possible, soit en plongeant dans une cachette ou soit en grimpant à un arbre. Toutefois, un chat acculé peut lutter farouchement, comme l'a vécu plus d'un chien stupéfait (et écorché). Les moyens mêmes qui font de lui un prédateur efficace deviennent ses meilleures défenses. C'est de là que doit venir l'expression « lutter bec et ongles ».

Géométrie et personnalités félines

Quand on cherche un chat ou un chaton à adopter, comment savoir si l'animal choisi sera un adepte des siestes sur vos genoux, un timide, ou un chercheur d'aventures ? Les chats à pedigree (de pure race) tendent à posséder certains traits de personnalité caractéristiques, bien que certains d'une même race puissent être très différents. Il s'agit du chat typique de refuge, les indices sur sa personnalité peuvent venir de la forme de son visage.

Kit Jenkins, directeur de programme pour Petsmart Charities, a passé plus de vingt ans de sa vie à étudier le comportement de chats et de chiens en refuges. Elle a inventé une théorie de la géométrie de la tête du chat, basée sur le fait que les têtes félines se répartissent en général selon trois catégories géométriques : carré, rond, triangulaire. Tout en notant que la génétique et l'expérience vécue jouent un rôle majeur dans la façon dont les chats pensent et agissent, Jenkins affirme que la personnalité est également influencée par la forme physique du chat. Voici comment elle décrit ces différents types.

▶ **Carré.** Ces chats sont grands et solides, avec un visage carré et un corps rectangulaire. Pensez au Maine Coon. Jenkins les a baptisés « les labradors du monde félin ». Avides de plaire, les chats carrés tendent à être affectueux, et adorent se frotter contre vous et vous donner de petits coups de tête.

▶ **Rond.** Ces chats ont le visage plat, de grands yeux, une tête circulaire et le corps rond. Pensez au Persan ou au Birman. Ce type peut être qualifié de « chien de giron » du monde félin. Ils tendent à être des chats peu énergiques, facilement effrayés, des chats soumis qui manifestent doucement leur affection aux membres de la famille en laquelle ils ont confiance.

▶ **Triangulaire.** Ce sont des chats longs et élégants, avec de grandes oreilles et une tête qui se resserre au niveau du nez. Pensez au Siamois ou au Cornish Rex. Jenkins les appelle « les chiens de berger du monde félin ». Les chats triangulaires sont curieux, intelligents, athlétiques et causants, et ils s'épanouissent dans les familles actives.

Jenkins a partagé sa théorie de la personnalité dans toute l'Amérique du Nord avec des soigneurs de refuges, des éducateurs animaliers et des comportementalistes. Les comportementalistes et les vétérinaires disent que ses observations ont une autre utilité, car elles aident les gens à trouver un chat conforme à leur mode de vie et à leur personnalité. Bien que n'étant que théoriques, les observations de Jenkins ont été soutenues par ses pairs ; pourtant, jusqu'à aujourd'hui, rien n'en a été publié dans un magazine scientifique.

Quand j'ai appliqué la théorie géométrique du chat à mon propre trio de félins, j'ai mieux compris leur caractère individuel. Je possède un exemplaire de chacune de ces formes et la seule chose qu'ils aient en commun, c'est qu'ils étaient tous les trois des chats abandonnés qui m'ont fait du charme pour s'installer dans ma maison et dans mon cœur.

- **Gus est mon félin à visage carré.** À 19 ans, mon tigré brun est Monsieur Douceur. Il passe ses après-midi à dormir sur mon bureau pendant que je travaille. Il vient toujours quand je le siffle, et il adore me saluer en me donnant un petit coup de tête affectueux.
- **Callie est ma calico au visage rond.** Cette chatte de 12 ans recherche un quotidien tranquille et uniforme. Elle manifeste timidement son affection en se frottant légèrement contre mes jambes, mais s'enfuit au moindre bruit soudain et évite les visiteurs à la voix de ténor.
- **Mocky est mon chat à face triangulaire.** Je peux compter sur ce matou de 8 ans, couleur sable et plein d'énergie, pour saluer tous les visiteurs et superviser ce qui se passe à la maison. Il chasse tous les papiers froissés, s'efforce d'attraper les bulles de mon bain et adore sa promenade quotidienne avec le harnais et la laisse.

Les maths n'étaient pas ma matière préférée à l'école, mais grâce à cette théorie des formes, j'ai finalement trouvé un moyen d'utiliser la géométrie de façon pratique.

Lueur dans des yeux noirs

Q Le soir, quand je parcours les pièces peu éclairées de ma maison, j'ai parfois un peu peur quand je vois ma chatte. Précieuse est une douce siamoise, mais la nuit, ses yeux reflètent une lueur rouge dans le noir, lui donnant une apparence diabolique. Cela me frappe encore plus après avoir vu un film d'horreur à la télé. Qu'est-ce qui fait luire ainsi ses yeux ?

R Tout est une question de chronométrage. Il est normal que vous soyez un peu nerveuse après avoir vu un film d'horreur, mais ne vous inquiétez pas pour Précieuse. Elle n'est pas possédée du diable. Ses larges pupilles rondes sont faites pour fonctionner beaucoup mieux que nos yeux dans la pénombre et dans le noir. En tant que chasseurs actifs à l'aube et au crépuscule, les meilleurs moments pour traquer des proies, les chats voient aussi bien dans le noir total que nous en plein jour.

Ayant votre chat sur vos genoux, jetez un coup d'œil dans ses yeux un soir sous une lampe allumée. Remarquez que ses pupilles sont de forme elliptique, comparées aux nôtres, qui sont circulaires. À la lumière de la lampe, ces pupilles deviennent d'étroites fentes pour protéger des dommages la rétine très sensible. Puis éteignez la lampe, et notez que les pupilles se dilatent pour s'adapter à une luminosité moindre. Avec une lumière très basse, les pupilles remplissent tout l'œil, les faisant paraître presque totalement noirs.

Quand à cet éclat rouge, il est causé par la lumière reflétée par une couche de cellules appelées « tapetum lucidum », qui tapissent le fond des globes oculaires derrière la rétine. Cette couche agit comme un miroir, reflétant la lumière qui n'a pas été absorbée la première fois qu'elle est passée à travers la rétine par l'intermédiaire des yeux et les cellules sensibles

Info chat

***Tapetum lucidum*, la couche réfléchissante des yeux du chat est une expression latine qui signifie « tapis brillant ».**

à la lumière de la rétine. Résultat : un éclat surnaturel quand les yeux de votre chat captent un rayon de lumière dans une pièce sombre.

Chose intéressante,les yeux de certains chats luisent vert au lieu de rouge, selon la couleur des yeux de l'animal. Les yeux bleus, comme ceux de votre chatte, luisent rouge, alors que les yeux or et verts prennent un éclat vert la nuit.

Faits sur l'amour des félins

Q Mon super-chou de Criola aime se blottir contre moi et me suivre partout dans la maison. Il est très amical et affectueux, et naturellement, je l'aime à la folie. C'est peut-être une question idiote, mais je me suis toujours demandée si les chats sont capables de nous aimer ou s'ils sont juste gentils avec nous parce que nous leur fournissons le vivre et le couvert ?

R Ce n'est pas une question idiote, mais elle ne comporte pas de réponse facile. Je vous donnerais une réponse plus définitive si je parlais « le chat » et que je puisse interroger directement le monde félin. Les chats sont des créatures candides, et je suis certaine qu'ils répondraient honnêtement.

Toutefois, sans cette capacité, définir l'amour d'un félin peut se révéler délicat. Ce que nous savons, c'est que les chats expriment clairement leurs émotions. Ils se mettent en colère et manifestent leur peur. Ils affichent de la satisfaction et expriment de l'excitation. Quant à interpréter l'amour d'un chat, disons qu'il s'attachera aux gens qui lui donneront une impression de sécurité et qui lui accorderont de l'attention.

Ils expriment leur affection envers leurs familiers de diverses façons, y compris par des œillades langoureuses, yeux à demi fermés, queue relevée frémissante, et de tendres petits coups de tête. La prochaine fois que vous regarderez votre chat dans les yeux, essayez de lui faire des œillades langoureuses. Il vous rendra la pareille. Et remarquez également que quand il vous voit entrer dans une pièce ou qu'il entend votre voix, il va sans doute dresser haut la queue, la pointe de celle-ci frémissant un peu. Voyez s'il exprime son affection en cognant à dessein sa tête contre votre front, vos mains ou vos mollets.

Quand j'ai adopté Gus, c'était un jeune tigré qui campait sur mon perron tous les matins et tous les soirs dans l'espoir d'un repas gratuit. Je lui ai donné à manger dans un bol, sans être certaine que je voulais un chat de plus. Pourtant, chaque fois que je me baissais pour le caresser, il me prenait de vitesse en étirant vivement son corps et en cognant sa tête contre ma main, à grands renforts de ronronnements qui ressemblaient à des vrombissements.

Gus savait ce qu'il faisait. Il montrait que je lui plaisais, et en conséquence, il me séduisit. Parfois, les excès d'affection féline ne sont pas idéals, comme lorsqu'il bondit sur votre lit et cogne contre votre front lorsque vous dormez à poings fermés.

Mais comme vous le savez, l'amour véritable se soucie peu de ces excès. Considérez comme un compliment que Criola vous suive partout et aime se faire câliner.

Comment nous voient les chats ?

L'un de mes humoristes et amoureux des chats préférés est Dana Harris. L'auteur de *Lessons in Stalking : Adjusting to Life with Cats – Leçons sur la Chasse : s'adapter à la vie avec des Chats* – Harris créa une liste en dix points, (adaptée ci-dessous), montrant que nos amis félins perçoivent les côtés cocasses de leur vie avec nous.

1. Notre étonnant manque de poils
2. Notre illusion d'avoir la plus petite chance de gagner contre lui quand nous nous regardons dans les yeux. (Indice : les chats ne cillent que parce qu'ils nous plaignent.)
3. Notre capacité à traverser un rayon de soleil sans perdre connaissance.
4. Le fait de *ne pas* considérer une souris vivante comme la plus haute forme de divertissement domestique.
5. La façon dont nous plions les vêtements sortants chauds du séchoir, au lieu de les enfiler.
6. Le temps que nous passons à effacer les traces de de poils de chat dans la maison alors qu'ils savent pouvoir les remplacer en trois secondes.
7. Notre idée que les rongeurs décapités laissés sur le perron sont des cadeaux pour nous.
8. Notre ignorance de l'utilisation principale de l'ordinateur et du téléviseur, qui sont faits pour la sieste.
9. Notre choix de *ne pas* marcher sur les comptoirs, lieux d'où l'on a les meilleures vues, sans parler des friandises.
10. Notre éternelle dévotion et servitude à leur égard. (En fait, les chats se moquent moins de ce dernier trait qu'ils ne l'encouragent.)

Bourrelés de remords ou accablés d'ennui ?

Q Récemment, les exigences accrues de mon travail m'ont obligée à voyager davantage, et mon chat Foufou, un magnifique Bengali, est parfois seul à la maison toute la nuit. J'ai des amis qui viennent lui donner à manger si je m'absente plus d'une nuit, mais il est quand même seul plus qu'il n'en a l'habitude. Quand je suis rentrée de mon dernier voyage, il avait lacéré le papier toilette, griffé un coin de mon lit, et renversé une boîte posée sur mon bureau, envoyant valser des trombones dans toute la pièce. Voyant cela, je me suis dirigé vers lui et je lui ai crié dessus. Il s'est enfui et s'est caché un moment sous le lit. Les chats sont-ils capables de ruminer une vengeance, et ont-ils des remords quand ils font quelque chose que nous ne voulons pas ?

R Dans le royaume animal, les humains ont le monopole des remords. Les chats, les chiens et nos autres compagnons animaux n'éprouvent ni n'expriment de culpabilité. Il est tentant de faire preuve d'anthropomorphisme, et de donner à votre chat des raisons humaines à ses bêtises et au fait qu'il s'enfuie quand vous le punissiez. Mais la vérité, c'est que la culpabilité est une émotion réflexive, émotion que seuls les humains éprouvent, d'après les plus grands psychologues.

La culpabilité est une réaction humaine à un comportement que nous jugeons mauvais ou socialement inacceptable. Les chats n'ont pas la capacité de ce type de raisonnement abstrait. Toutefois, les chats sont capables de ressentir de la peur et la soumission. Il est cependant facile de confondre la peur avec de la culpabilité. Dans le cas de Foufou, il est plus probable qu'il s'ennuie d'être seul à la maison pendant de longues périodes. Les chats qui s'ennuient, surtout les races actives comme les Bengalis, chercheront des moyens de s'amuser, même si leurs plansanteries (comme griffer les canapés, réduire le papier toilette à l'état de confettis ou tripoter des piles de trombones) ne sont pas des plus amusantes de votre point de vue. Chez d'autres chats, ces actions pourraient exprimer l'angoisse de la séparation. Qu'un chat s'ennuie ou s'angoisse dépend de son tempérament et de ses rapports avec son maître.

Foufou s'est enfui et caché sous votre lit quand vous lui avez crié dessus parce qu'il avait peur de votre voix coléreuse et non pas parce qu'il avait des remords de son « mauvais » comportement. Il ne savait absolument pas pourquoi vous étiez furieuse, il savait seulement que vous étiez menaçante et dangereuse.

Mes recommandations : commencez par enlever tout ce qui constitue une tentation pour un félin. Quand vous n'êtes pas chez vous, fermez la porte de la salle de bains, posez une couverture sur le canapé pour atténuer ses griffures, et rangez votre bureau. Puis fournissez à Foufou des exutoires acceptables à son ennui. Cela peut aller des jouets mécaniques qui bougent quand il les touche, au perchoir près d'une fenêtre d'où il pourra surveiller le voisinage, en passant par une balle qu'il pourra chasser. Vous pouvez aussi allumer la radio ou la télévision pour alléger sa solitude. Il existe également des vidéos de poissons, oiseaux et autres images séduisantes pour les chats qui peuvent occuper son attention pendant votre absence.

Quand vous rentrez de voyage d'affaires, ignorez les bêtises de Foufou et accueillez-le avec joie et affection. Passez du temps à jouer avec lui et caressez-le pour qu'il ne se sente pas seul, même quand vous êtes à la maison. Vous découvririez peut être qu'il se précipite pour vous accueillir après une absence.

Pourquoi les chats dissimulent leur souffrance

Q L'autre jour, j'ai été choquée de découvrir une profonde estafilade à la patte postérieure de mon chat à poil long. Quand ma vétérinaire a rasé l'endroit et l'a examiné, elle m'a dit qu'il s'agissait d'une morsure de chat qui s'était infectée. Elle a nettoyé la blessure, a fait des points de suture et a prescrit des médicaments. Il était évident que Pompon souffrait beaucoup, mais il n'en avait jamais donné aucun signe. Pourquoi mon chat ne m'a-t-il pas fait savoir qu'il avait mal ?

R Les chats sont passés maîtres dans l'art de dissimuler leur souffrance, parce que leur survie peut en dépendre. En tant que petites créatures vulnérables aux gros prédateurs, ils ne peuvent pas se permettre le luxe de montrer la moindre faiblesse. Avec une blessure ou une maladie visible, ils deviennent des cibles faciles, ce qui explique pourquoi ils dissimulent instinctivement tout signe de souffrance ou de maladie, même aux gens qui les aiment et les protègent. Malheureusement, c'est la raison pour laquelle beaucoup de mes amis vétérinaires me parlent de clients qui leur amènent des chats qui « se comportent bizarrement », pour découvrir que leur animal a un cancer avancé, une insuffisance rénale ou toute autre maladie grave.

Comme les chats préfèrent cacher le moindre signe de faiblesse, nous devons être à l'affût des signes subtils indiquant une maladie. En voici quelques-uns à surveiller et à rapporter à votre vétérinaire :

- Déjections inappropriées.
- Changement(s) dans les habitudes alimentaires.
- Manger sa litière.
- Soudaine perte de poids.
- Mauvaise haleine.

- Changement(s) dans le niveau normal des activités.
- Changement(s) des habitudes de sommeil.
- Changement(s) dans les interactions sociales.
- Changement(s) dans sa toilette.
- Aphone.
- Cachettes soudaines et attention déclinante.

Soigner les morsures de chat

Une morsure non détectée peut provoquer un abcès, qui est une accumulation de pus et de débris sous la peau. De telles blessures exigent presque toujours une intervention médicale, parce que les chats ont dans la bouche des bactéries qui peuvent causer une infection.

Si vous découvrez une telle blessure et ne pouvez pas aller tout de suite chez un vétérinaire, enveloppez votre chat dans une serviette pour rendre plus facile et moins dangereux le nettoyage de la blessure. Utilisez du peroxyde d'oxygène ou de l'eau chaude pour laver l'endroit. Tâchez de couper le plus de poils possible autour de la blessure et laissez-la à découvert pour qu'elle respire. Ne coupez rien si vous n'êtes pas sûr de vous ou si votre chat résiste. Si la blessure saigne à profusion, appliquez une compresse.

Puis apportez votre chat chez le vétérinaire aussitôt que possible, pour éviter d'autres dégâts ou une infection grave.

Si vous êtes blessé par un chat, surveillez de près les signes d'infection. Il est difficile de nettoyer comme il faut une morsure, et vous pourriez avoir besoin d'antibiotiques si la morsure est assez profonde.

La grattouille du chat

Q J'ai toujours possédé des poissons et des tortues, et je me suis finalement décidée pour un animal de compagnie plus communicatif. J'ai récemment adopté un grand tigré orange au refuge local. Gustave est formidable, mais il adore déchiqueter et déchirer son griffoir. Heureusement pour moi, il ne touche pas au canapé. Pourquoi a-t-il ce besoin de griffer ?

R Bravo ! Avec tout le respect que je dois aux poissons et tortues de votre vie, je suis ravie que vous soyez prête à jouir des plaisirs de la compagnie d'un chat. Et je suis ravie que vous l'ayez adopté au refuge local, parce que vous avez donné une seconde chance à un chat abandonné.

Gratter, comme vous l'avez découvert, est l'une des actions typiques du chat. Même privé de ses griffes, il fera toujours le geste de griffer. Vous avez de la chance que Gustave adore son grattoir et épargne votre coûteux canapé. Les chats griffent pour deux raisons. L'une est d'aiguiser leurs griffes – leur manucure à eux que j'ai baptisée « chat cure ». Ces séances de grattage éliminent les cellules mortes extérieures, affinant la forme des griffes et leur tranchant, de sorte que Gus est prêt à se défendre ou à bondir sur une souris de passage.

Toutefois, la raison essentielle pour laquelle les chats griffent, est territoriale. Quand Gustave griffe, il laisse une carte de visite féline, pour ainsi dire. Il laisse non seulement une marque physique, mais l'action de gratter décharge dans ses pattes une odeur produite par ses glandes sébacées, qui est perçue par les autres chats – et par lui-même – indiquant qu'il est sur son domaine.

Vous dites que vous êtes contente qu'il ne gratte que le griffoir, mais je parie que si vous faites bien attention, vous découvrirez que ce bon vieux Gustave touche de ses pattes et frotte sa tête sur les chambranles des portes et les coins de murs afin d'y laisser son odeur. Cela ressemble à une décoloration huileuse sur les portes et les murs (Pour en savoir plus, voir Communication de chat à chat p. 72.)

Le besoin de pétrir

Q Chaque fois que je m'assieds, ma chatte saute sur mes genoux, tourne en rond, se laisse choir, et s'active vigoureusement des pattes (et des griffes) tout le long de mes jambes. J'appelle ça sa danse joyeuse. Parfois elle fait la même chose sur mon lit avant de s'installer pour la nuit. Pourquoi ce comportement ?

R Le rituel félin consistant à promener ses pattes de bas en haut commence à la naissance. Les nouveau-nés pressent leurs pattes sur les tétons de leur mère pendant la tétée, afin d'accélérer le flux du lait. Même après le sevrage, les chatons se rappellent le bien-être d'un ventre bien rempli consécutif au pétrissage et à la tétée. Une fois adultes « faire des biscuits », ainsi que j'appelle cette pratique, leur donne une impression de confort. Pour les chats, c'est une façon de montrer leur joie et leur bonheur de vous avoir dans leur vie. Si vous coupez régulièrement les ongles à votre chatte, vous éviterez la souffrance de sentir ses ongles s'enfoncer dans votre jambe.

Mais il y a des chats qui peuvent exagérer un peu. Certains bavent en pétrissant, d'autres sont tellement pris d'enthousiasme qu'ils enfoncent leurs griffes acérées dans nos jambes. Si votre chat vous transforme en pelote à épingles, et que leur couper régulièrement les ongles ne rend pas moins douloureux ce rituel, vous pouvez éviter qu'il ne devienne une habitude désagréable, simplement en vous levant et en vous éloignant. Après avoir été éjectée plusieurs fois de sa confortable position sur vos genoux, votre chatte perdra peut-être son besoin de pétrir.

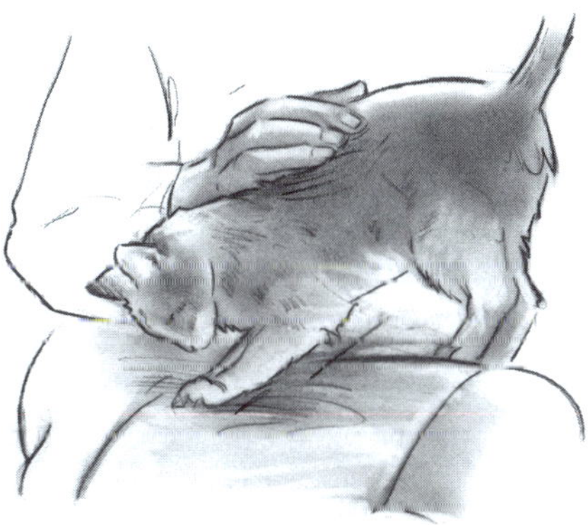

Maîtriser les terreurs de Tara

Récemment j'ai accepté une invitation pour donner une conférence devant des étudiants vétérinaires inscrits dans un cours de médecine pour animaux en refuges, Connaissant l'importance de la pratique sur la théorie, je suis allée au refuge local à la recherche du « chat de démonstration » parfait. Je l'ai trouvé – une chatte aux longs poils noirs nommée Tara qui cracha et se recroquevilla dans le fond de sa cage de transport.

Elle était entrée au refuge en qualité de chat abandonné seulement la veille, et elle se rebiffait violemment contre toute tentative de calins, mais certains signes donnaient à penser qu'elle n'avait pas vécu dans la rue toute sa vie. Sa fourrure était assez brillante, indiquant qu'elle faisait sa toilette. Elle n'était pas maigre, n'affichait aucune cicatrice de batailles, et – indice le plus révélateur – n'attendait pas de petits comme c'est le cas de la plupart des femelles redevenues sauvages.

Tout chat entrant dans un refuge peut se sentir temporairement menacé par les bruits et les odeurs étranges, et la façon typique des refuges de le manier avec des gants ou un équipement spécial. Un chat véritablement redevenu sauvage n'est ni social ni touchable, et n'est pas considéré comme adoptable. Un chat affolé est un chat qui a vécu parmi nous mais qui est dans un état de panique provoqué par la peur.

Prenant Tara pour exemple, j'enseignai aux étudiants vétérinaires des techniques susceptibles d'aider des chats effrayés comme elle, et la manière de reprendre confiance par des séances agréables de socialisation avec le personnel du refuge et avec des volontaires. Moins les chats sont stressés par l'environnement du refuge et plus ils commencent à montrer leur vraie personnalité, augmentant par là leurs chances d'adoption.

Lors de ma première visite, j'évitai de regarder Tara dans les yeux, parce que les chats interprètent cela comme le signe d'une attaque imminente. Après plusieurs séances passées uniquement à lui parler, je la touchai avec un petit plumeau que je lui passai sur le dos, le cou, la tête, le nez et les yeux. Elle réagit sans cracher. La fois suivante, elle se leva et arqua le dos vers le plumeau, signe qu'elle commençait à avoir confiance en moi.

Sachant que c'était le moment de la toucher, je la sortis lentement de la cage, le postérieur en premier, et posai ses quatre pattes sur une petite table, pour qu'elle ne se sente pas à l'étroit. À dessein, je la fis me tourner le dos, pour qu'elle puisse observer toute la pièce sans se sentir piégée. Tout en lui parlant avec douceur, je pus toucher légèrement sa robe.

Lors de ma présentation, ma chatte noire autrefois effrayée, surprit les étudiants en se comportant de façon sociale et amicale. Tara vit maintenant dans un foyer heureux avec des gens qui l'adorent. Ses propriétaires ont du mal à croire que leur chatte si affectueuse était autrefois une chatte de refuge sifflante et batailleuse.

(Contribution de Joan Miller, juge toutes races.)

Gymnastes à quatre jambes

Q Je suis honteuse d'avouer que, dans mon enfance, il m'arrivait de soulever mon chat au-dessus de ma tête, ventre en l'air, et de le lâcher. Je m'étonnais de la façon dont il tordait son corps et atterrissait sur ses quatre pattes avec facilité. En tant qu'adulte, j'ai beaucoup plus de respect pour les chats, mais leurs capacités athlétiques continuent à m'intriguer. Comment font-ils pour manœuvrer leur corps et toujours atterrir sur leurs pattes ?

R Un conseil : ne lancez jamais un défi à un chat pour une partie de twist. Il gagnera à tous les coups sans problème. Un système musculo-squelettique souple et un fort sens de l'équilibre permettent à un chat en chute libre de se redresser rapidement et d'atterrir rapidement, gracieusement, et, la plupart du temps, sûrement. Vous serez peut-être étonnée d'apprendre que les chats n'ont pas de clavicules, mais une colonne vertébrale flexible, avec cinq vertèbres de plus que les humains, ce qui leur permet de se contorsionner et de se retourner en l'air.

Leur sens supérieur de l'équilibre et de la coordination vient de l'appareil vestibulaire, ce canal rempli de fluide de l'oreille interne qui permet aux humains et aux chats de marcher debout et de déterminer où est le sol par rapport à leur corps. Si un chat tombe, le fluide active de minuscules poils dans le canal de l'oreille, permettant au chat de déterminer sa position et de savoir où est le haut.

Les études sur les chutes de chats ont permis de découvrir que les félins tombant d'une hauteur de sept étages ou moins risquent davantage de se blesser que les chats tombant de hauteurs plus grandes. En fait, certains chats ont survécu à des chutes de hauteurs allant jusqu'à dix-huit étages. Explication : après être tombé d'environ cinq étages, un chat atteint sa vélocité maximale. Sur une chute plus longue, il a le temps de se redresser, de détendre ses muscles, et de déployer ses membres comme un écureuil volant pour ralentir sa vitesse.

Les mouvements depuis le début de la chute jusqu'à l'atterrissage sur les quatre pattes ressemblent à des mouvements de ballet. D'abord, le chat tourne la tête et la poitrine pour amener ses pattes sous son corps. L'arrière-train s'aligne alors sur l'avant-train. Juste à l'atterrissage, il ramène ses pattes antérieures plus près de sa tête pour atténuer l'impact et plie ses pattes postérieures pour se préparer au choc.

Malgré leur agilité, les chats n'atterrissent pas toujours sur leurs pattes. Des chats ont été blessés après être tombés d'un comptoir ou d'un balcon du premier étage. C'est pourquoi je conseille vivement à tous les propriétaires de chats de s'assurer que tous les écrans de fenêtres sont solides et qu'ils ne s'ouvriront pas sous le poids d'un chat perché sur le rebord de la fenêtre. Et ne laissez pas votre chat se promener sans surveillance sur un balcon. Tout ce qu'il faut à votre chat, c'est un moineau qui passe pour qu'il saute par-dessus la barrière, bien résolu à le poursuivre.

Chats thérapeutes

Q Maintenant que je suis retraitée de l'enseignement, j'aime amener mon chien thérapeute dans les maisons de retraite et les hôpitaux pour enfants. Mais certaines des personnes à qui je rends visite préfèrent les chats aux chiens. Mon chat, Boubou, est un jeune Maine Coon amical. Mes visiteurs remarquent qu'ils se sentent toujours à l'aise en présence de Boubou. Il aime venir en voiture, et voyage joyeusement avec moi quand je rends visite à la famille ou aux amis. Les chats peuvent-ils être de bons animaux thérapeutes ?

R Être accueilli par un animal thérapeute peut faire des merveilles sur l'apparence et même sur la santé physique des pensionnaires des maisons de retraite et des hôpitaux. Les chiens forment le plus gros contingent des animaux thérapeutes certifiés, mais le nombre de chats dans ce domaine augmente. Les félins sont petits et faciles à prendre sur les genoux, et possèdent un avantage sur les chiens : le son apaisant de leur ronronnement.

Le style décontracté de Boubou et son désir d'accueillir les gens sont deux qualités majeures pour un chat thérapeute. Qu'il aime voyager constitue un plus, vu que la plupart des chats sont casaniers et n'aiment pas avoir à s'adapter à de nouveaux environnements. En général, les Maine Coon sont des géants gentils et affectueux qui s'adaptent facilement au travail de thérapeutes. Certains Persans font aussi de bons chats thérapeutes, parce qu'ils ont tendance à être calmes, patients, et qu'ils adorent être entourés d'affection. Le Tonkinois, race moins commune, est connu pour être le chat thérapeute idéal, parce qu'il est extraverti avec les étrangers et adore s'asseoir sur les genoux. Mais bien sûr il y a toujours des exceptions, et il existe des chats de toutes les races qui peuvent être thérapeutes.

Les règles générales demandent que les chats aient au moins un an, que leurs vaccins soient à jour, qu'ils soient en bonne santé, et capables de supporter les déplacements, les bruits, les foules, les odeurs étranges et les caresses fréquentes.
Ils doivent facilement accepter d'être bousculés, et être à leur aise avec des personnes de tous les âges.

Pour assurer la sécurité de Boubou, je recommande que vous l'habituiez à porter un harnais et à se promener en laisse. Il ne pourra que susciter l'admiration s'il entre en laisse dans une chambre d'hôpital. Naturellement, la faculté d'émettre un ronronnement fort et régulier ne pourra qu'accroître sa popularité auprès des personnes en quête d'un CTA (Chat Tendre et Affectueux).
Pour l'anecdote, à Tokyo, il existe des « bars à chats » ou les Japonais viennent évacuer leur stress et se relaxer en compagnies des félins. La relaxation entre l'homme et le chat est magique.

Pourquoi des moustaches ?

Q Ma petite fille a dernièrement pris ses ciseaux de la maternelle et a coupé toutes les moustaches de notre chat. Bien sûr, j'étais très fâchée, car je sais que les chats ont besoin de leurs moustaches pour se diriger. Mais je réalise que je n'en connais pas la raison. Que se passe-t-il quand un chat perd ses moustaches ?

R La plupart des gens se rendent compte que les moustaches servent d'outil de mesure à la plupart des chats. La largeur des moustaches le long des deux côtés de la tête évalue les petites ouvertures et leur indique si leur corps peut s'y glisser sans y rester coincé. Peut-être cela explique-t-il pourquoi Foufou, le plus rebondi de mes trois chats, a les plus longues moustaches. Mais comme cela est mentionné dans Les Cinq Sens des Félins, p. 23, toutes les races ne s'en remettent pas à leurs moustaches pour se diriger.

Les moustaches ont d'autres usages essentiels. Un chat utilise les longues moustaches protubérantes qui entourent son museau pour tourner la tête et scruter l'environnement à la recherche d'une proie éventuelle. Le plus étonnant est que les moustaches n'ont pas besoin de toucher un objet pour que le chat réalise sa présence. Des paquets de nerfs situés dans les moustaches fournissent des tas d'informations au cerveau du chat, lui donnant des capacités quasi extra-sensorielles. Je compare souvent cette capacité au super-héros Spiderman.

Les chats ont aussi des moustaches délicates au-dessus des yeux. Comme nos cils, ces moustaches déclenchent un réflexe de clignement qui protège automatiquement leurs yeux des débris volants. Des moustaches clairsemées sous le menton sentent les objets situés sous elles. Des moustaches sur les pattes antérieures aident à atterrir sans problème et à sentir la présence de proies.

Les moustaches renseignent également sur l'humeur du félin. Faites attention aux moustaches de votre chat quand il se met en état d'alerte ou qu'il paraît content. Quand le chat est détendu, ses moustaches sont maintenues légèrement de côté. Mais quand un chat est intrigué ou se sent menacé, ses moustaches se raidissent automatiquement et pointent vers l'avant.

Sans ses moustaches, le sens de l'équilibre, la perception de la distance, et les antennes de votre chat peuvent être légèrement altérés. Les vétérinaires recommandent de garder à l'intérieur un chat sans moustaches jusqu'à ce qu'elles aient repoussé, ce qui peut prendre deux à trois mois.

Faits moustachiers

Les moustaches sont techniquement connues sous le nom de « *vibrisses* ». Prenez une loupe et regardez-les de près. Les moustaches d'un chat sont environ deux fois plus épaisses que les poils de sa fourrure, et les racines des moustaches sont environ trois fois plus profondes que les racines des poils. Les chats ont de 8 à 12 longs poils de moustaches de chaque côté de leur lèvre supérieure. Ils perdent quelques poils de moustaches de temps en temps, au cours du processus normal de renouvellement, mais ne les perdent jamais tous à la fois.

Aperçus sur les concours de chats

Q Une de mes amies possède trois Havana Brown qu'elle présente à des concours. Elle m'a invitée à assister à l'un d'eux. Je regarde souvent les concours de chiens à la télévision, mais je ne sais pas exactement comment fonctionne un concours de chats. Pouvez-vous me donner un aperçu sur ce qu'on peut attendre d'un concours de chats et de la façon de m'y comporter ?

R Les chiens ne sont pas les seuls animaux qui aiment cabotiner dans les concours ou prendre la pose devant un juge, et les propriétaires de chiens ne sont pas les seuls à aimer parader avec leurs élégants compagnons, parfaitement toilettés et au pedigree impressionnant. Vous pouvez en apprendre beaucoup sur les chats en assistant à des concours.

C'est une merveilleuse occasion de voir tant de races différentes réunies sous un même toit. Certes, les chats ne varient pas tant de taille et de poids que leurs équivalents canins, mais il y a de grandes différences entre un Sphynx et un Maine Coon, ou entre un Acicat et un Ragdoll. J'ai été étonnée de découvrir que bien des chats de concours aiment autant cabotiner que les chiens. Certains se délectent à participer à un événement nouveau.

La plupart des concours de chats ont des juges différents pour sept classes différentes. Comme les chiens, les chats ne sont pas jugés les uns par rapport aux autres, mais d'après les standards de perfection de la race. Plutôt que de parader sur le ring, les chats sont apportés en un endroit particulier et maniés et inspectés individuellement par le juge de chaque classe. Voici la liste des sept classes principales :

- **Chatons.** Chatons croisés ou non croisés, trop jeunes pour les classes de Championnat.
- **Championnat.** Chats non modifiés et inscrits, de plus de huit mois.
- **Premiership.** Chats inscrits, châtrés ou stérilisés, de plus de huit mois.

▶ **Vétéran.** Chats inscrits de sept ans ou plus.

▶ **Provisoire.** Races inscrites avec statut provisoire établi par la CFA mais pas encore acceptés pour les concours de Championnat.

▶ **Divers.** Races inscrites pas encore acceptées pour des concours de Races Provisoires.

▶ **Animal de compagnie.** N'importe quel chaton domestique ou chat croisé non éligible ailleurs.

Il y a bien des façons de s'emparer d'un ruban à un concours de chats. Les catégories incluent : meilleure couleur, meilleur champion à l'intérieur de la race, et meilleur de la race. Il existe même un concours séparé appelé meilleur espoir.

En tant que spectateur, il y a une certaine étiquette à respecter. Je peux donner quelques conseils à ce sujet :

→ **Ne jamais toucher un chat sans la permission de son propriétaire.** Tous les chats n'aiment pas être manipulés par de nombreuses personnes. Et il ne faut pas risquer de passer des germes d'un chat à un autre, ni d'altérer son toilettage qui a demandé des heures de travail. Les exposants demanderont généralement aux visiteurs de pulvériser un désinfectant ou un déodorant sur leurs mains avant de caresser leur chat.

→ **Minutez vos prises photographiques.** Demandez la permission avant de mitrailler un chat qui vous plaît en cours de toilettage ou sur le podium.

→ **Ne vous lancez pas dans de longues conversations avec les exposants.** Généralement, ils sont occupés à écouter l'appel du numéro de leur chat invité à monter sur le podium, à calmer leur chat et à le conserver bien coiffé. Demandez-leur s'ils ont le temps de répondre à une ou deux questions, mais laissez-leur l'initiative d'une longue conversation sur leur chat et les caractéristiques de sa race particulière. La plupart aiment parler de leurs chats quand le moment est bien choisi.

→ **Laissez votre ami félin à la maison.** Ces concours sont limités aux chats qui concourent pour l'honneur. Et, naturellement, aucun chien n'y est admis.

Ce qui me plaît dans les concours de chats, c'est qu'ils ne sont pas limités aux chats pourvus d'un pedigree. La plupart des clubs sponsorisent un concours de Chats domestiques qui est ouvert à toutes les races de chats d'au mois quatre mois. Les gagnants sont jugés sur leur robe et leur physique, qui doivent refléter leur bonne santé et leur propreté, autant que sur leur apparence unique et leur personnalité attachante. Le concours d'agilité est, lui aussi, ouvert à tous les chats, bâtards ou à pedigree.

Si vous êtes intéressés à faire concourir votre chat, vous serez surpris de découvrir qu'une fois exposés à l'ambiance animée d'un concours, les chats apprécient le processus. Les animaux de Chats Domestiques doivent être inscrits avant le concours ; le club qui sponsorise le concours aura les informations nécessaires pour préparer votre future star et faire de ce concours une expérience agréable.

Je suis également impressionnée par le fait que beaucoup d'organisateurs de concours de chats travaillent avec des refuges locaux et des associations de protection pour promouvoir l'adoption de chats en quête d'un foyer.

Les cinq félins fabuleux

À quoi ressemblent les 11 millions de chats français ? Beaucoup sont « juste des chats » - tigrés, rayés, couleur écaille de tortue ou smoking, (noir et blanc) à poil long ou court. Des 41 races pures reconnues par la Fédération Française Féline, conservatrice du registre mondial le plus important, voici les plus populaires :

1 **Le Persan** reste en tête depuis 1 871. On adore sa nature bon enfant et on admire sa longue fourrure soyeuse qui demande à être peignée tous les jours pour ne pas feutrer.
2 **Le (très américain) Maine Coon** éclipse la plupart des autres races en termes de taille et de corpulence, mais il a le tempérament d'un doux géant. On dit souvent de ces chats qu'ils ont le caractère d'un chien. Leurs longs poils peuvent être de couleurs très variées.
3 **l'Exotic** ressemble au Persan, sauf que sa fourrure dense, douce, pelucheuse et mi-longue n'exige pas des brossages quotidiens. On l'appelle parfois le « persan en pyjama ». Les gens adorent son minois angélique, son corps solide et son tempérament égal et calme.

1.

2.

4 Connu globalement comme celui qui adore parler, **le Siamois** a été longtemps l'une des races la plus facilement identifiable. Les gens sont attirés par son corps gracieux et musclé, sa robe courte et lisse, et les « points » assortis de couleur sombre sur la face, les oreilles, les pattes et la queue. Ses miaulements bruyants et râpeux sont très distinctifs.

5 **L'Abyssin**, actif et intelligent, adore être avec des gens. Il est le compagnon idéal pour ceux qui aiment communiquer avec leur ami félin. Il est d'une beauté majestueuse, avec une face triangulaire légèrement arrondie, un corps court et souple, une fourrure dense et soyeuse, mouchetée comme celle d'un lapin sauvage, en différentes couleurs.

Complétant le Top 10, citons encore le Ragdoll, le Birman, l'American Shorthair, l'Oriental et le Sphynx. Attention, j'aime l'apparence et les traits de personnalité prévisibles des chats de pure race, mais gardez l'esprit ouvert quand vous pensez à adopter un chaton ou un chat. Pensez à la beauté spontanée du monde félin sans les pedigrees connus par les abréviations DPC (domestique poil court) et DPL (domestiques poils longs). (Voir annexes, Les 41 races de chats)

3.

4.

5.

Pourquoi si peu de races ?

Q **Je voudrais bien savoir pourquoi il y a plus de 150 races de chiens reconnues, et en fait 41 races de chats. Les chiens peuvent peser entre 3 et 90 kilos, avec une immense variété dans la forme des oreilles, des museaux et des queues, et de nombreux types différents de robes. Les chats pèsent pratiquement tous entre 3 et 12 kg, ont essentiellement des têtes similaires, et une moins grande variété de fourrure. Pourquoi tant de diversité chez les chiens, et tant de similitudes chez les chats ?**

R Bonne question. Les chiens ont été domestiqués des millénaires avant que les chats ne commencent à s'associer aux humains, parce que nous avions besoin d'eux pour nous aider à chasser, tirer de lourds traîneaux, garder les troupeaux, et autres tâches. Cela explique pourquoi il y a tant de variétés de tailles, de tempéraments et de possibilités chez les chiens.

Les chats ont été essentiellement élevés comme chasseurs et compagnons. Parce qu'ils sont très difficiles à dresser, ils n'ont jamais été utilisés à des tâches domestiques, aussi, il n'y a pas autant de races distinctes, ni d'aussi grandes différences de taille et de poids dans la population féline.

Choisir un chaton ou un chat

Q **Je veux adopter un chat à mon refuge local, mais comme je n'ai jamais eu d'animal de compagnie, j'ai besoin de quelques conseils. Dois-je adopter un chat adulte ou un chaton ? Qu'est-ce que je dois rechercher parmi tant de chats ? Comment être sûre que ce chat sera un bon compagnon pour moi ?**

R Voilà des questions importantes, et vous êtes sage de vous les poser avant de rapporter un chat à la maison. Comme vous vous préparez à accueillir un félin dans votre vie, mon premier conseil sera de penser à long terme. Voilà ce que vous devez vous dire – vous aurez ce chat dans votre vie beaucoup plus longtemps que votre voiture actuelle. Malheureusement, les gens passent des heures à choisir un véhicule qu'ils garderont quatre ou cinq ans, mais ne passent que quelques minutes à sélectionner un compagnon félin qui pourra partager leur vie durant quinze ans ou plus.

Il faut être honnête au sujet de votre style de vie et de votre personnalité, et aussi, un peu égoïste. Votre nouveau chat ou chaton devra partager vos habitudes. Si vous désirez vraiment un chat à poil court pour ne pas avoir à le toiletter tous les jours, alors, de grâce, ne laissez pas une amie bien intentionnée vous convaincre d'adopter un chat à poil long, quelle que soit sa beauté. Si vous voulez un chat qui vous « répond », alors recherchez un animal actif et bavard, pas un timide. Admirez-vous un esprit indépendant, ou préférez-vous un chat de giron ? Il est difficile de résister à un adorable chaton, mais avez-vous le temps et la patience qu'il demande ?

Je vous recommande de faire la liste de ce que vous recherchez dans le chat « de vos rêves », qu'il s'agisse de son apparence ou de ses activités. Votre mission : trouver le félin qui s'accorde le mieux à vos besoins. Il y a dans votre voisinage des centaines de chats qui ont besoin d'un foyer, alors, ne vous pressez pas. Prenez votre temps, et vous serez récompensés en trouvant l'ami de votre vie. Visitez différents refuges et recherchez dans les journaux les associations qui sauvent des chats. Vous pouvez aussi prendre contact avec d'autres associations qui sauvent certaines races, si un chat de pure race a plus de chances de s'accorder à vos goûts personnels.

Une fois que vous aurez évalué vos besoins, je vous conseille d'être calmes et passifs au refuge, pour laisser le chat vous choisir. J'ai confiance en l'intuition des chats. C'est ainsi que mon chat Mocky m'a choisie. Il s'enfuyait et se cachait quand d'autres cherchaient à l'attraper, mais il sortait d'un bond d'un buisson et se frottait contre mes jambes quand j'apparaissais.

Il y a des années, quand mon ami Jean a voulu adopter un chaton, je suis allée au refuge avec lui. Jean est un grand gaillard brun, de nature tranquille. Chaque fois qu'il prenait un chaton, il se sentait maladroit. Il confessa finalement qu'il ne se sentirait pas à son aise à élever un minuscule chaton bondissant. À la fin, il a emporté chez lui une paire de chats d'un an, de la même portée, qui ont vécu avec lui pendant 17 ans. Ces chats se tenaient mutuellement compagnie quand Jean travaillait tard. Ils jouaient ensemble et se blottissaient l'un contre l'autre pour leurs siestes de l'après-midi. Si vous êtes honnête avec vous-même, comme Jean l'a été, vous trouverez le compagnon idéal, j'en suis sûre.

Sécuriser la maison pour le chat

Adopter un chaton ou un chat, c'est amusant et excitant. Mais tempérez votre enthousiasme par une dose de prudence. Voici 10 façons de vous assurer que votre chat vivra heureux dans une maison sans danger.

1. Conservez l'antigel et autres produits dangereux à l'écart de votre félin curieux. En ingérer ne fût-ce qu'une cuillerée à café peut être fatal à la plupart des chats.
2. Posez des verrous sur les placards où vous conservez vos produits d'entretien et tous ceux qui sont en bombes. Soyez prudente quand vous prenez un médicament et évitez de laisser tomber une pilule là où votre chat pourrait l'engloutir, pensant qu'il s'agit d'une friandise.
3. Ne laissez pas traîner par terre aiguilles, fil et ficelle. Certains chats sont également attirés par les bijoux ou les papiers de bonbons brillants. Avaler l'un ou l'autre de ces objets peut causer des blessures internes.
4. Inspectez vos écrans de fenêtres pour être sûr qu'ils sont solides.
5. Enveloppez les fils électriques de gaines en PVC pour empêcher les chats de se blesser en les mâchonnant.

6 Mettez vos plantes hors de leur portée. Les feuilles grignotées peuvent causer des maux d'estomac et même des occlusions intestinales, de plus, certaines sont vénéneuses pour les chats.
7 Vérifiez votre sèche-linge entre deux charges. Certains chats aiment dormir dans des endroits chauds et sombres !
8 Claquez bruyamment le capot de votre voiture avant de démarrer, et ainsi faire fuir tout chat qui aurait pu se blottir contre le bloc-moteur pour faire la sieste.
9 Regardez derrière vous avant de vous asseoir dans un transat ou un rocking-chair. Un chat peut être en train de dormir sous ses pieds ou sur le siège.
10 Bloquez le passage donnant accès à l'arrière de gros appareils ou de meubles lourds, tels que réfrigérateur, canapé, bibliothèque – tous les endroits où votre chat pourrait rester coincé.

Abandonné ou haret - redevenu sauvage ?

Q Deux jeunes chats efflanqués ont pris l'habitude de rôder dans l'allée derrière notre restaurant. Ils fourragent pour trouver à manger. D'abord, ils s'enfuyaient quand je sortais. Mais depuis que j'ai commencé à leur donner à manger et à boire, l'un d'eux commence à avoir confiance en moi et se rapproche. L'autre continue à fuir en me voyant. J'aimerais adopter le plus sociable, mais comment savoir si un chat sans foyer est errant ou sauvage ?

R Dans le monde entier, les gens charitables posent des bols d'eau et de nourriture pour les chats sans foyer, devant leur porte, sur leur véranda ou ailleurs. Il peut se révéler difficile de faire la différence entre un chat sauvage (né dans la nature et qui a eu des échanges limités ou inexistants avec les humains) et un chat errant (qui a vécu avec des humains mais s'est retrouvé perdu ou abandonné.)

Dans votre situation, vous pouvez les aider tous les deux. Celui qui semble vous faire confiance est sans doute un chat errant qui se retrouve livré à lui-même et qui aspire à retrouver la sécurité d'un foyer. Le deuxième semble sauvage – il n'a aucun désir d'être coincé dans une maison civilisée, mais est fortement motivé pour la nourriture, même si elle lui est offerte par un être humain.

Pour celui-ci, je vous conseille de prendre contact avec une association de protection et de lui demander de lui tendre une trappe à chat (parfumé avec du thon ou autre nourriture odorante.) Certains groupes acceptent de prêter leurs pièges à des particuliers.

Une fois que le chat est dans le piège, vous pouvez lui faire un merveilleux cadeau en l'emportant chez un vétérinaire pour un bilan de santé, et le faire châtrer ou stériliser. Le chat ainsi traité est ensuite rendu à la liberté et rejoint les membres de sa colonie.

Quant au chat errant qui a éveillé votre curiosité et apparemment touché votre cœur, évitez de faire des mouvements brusques et de parler fort près de lui. Votre but est de le séduire en acceptant le modus vivendi des chats. Il y a des chances qu'il finisse par se laisser approcher et caresser légèrement. Cela peut prendre quelques jours ou quelques semaines, mais ne précipitez pas les présentations. Si vous vous inquiétez pour sa sécurité ou sa santé, vous pouvez accélérer le processus en le capturant dans une cage et en l'emportant chez un vétérinaire pour un bilan complet avant de l'adopter. Bonne chance !

Alliés du chat de gouttière

Les chats sauvages vivent en colonie, où ils interagissent les uns avec les autres, mais ils n'ont aucun intérêt pour la vie domestique en notre compagnie. Ils peuvent survivre en chassant et fourrageant s'ils ont un abri adéquat, et pas trop de difficulté pour trouver de la nourriture, mais ils sont sujets à la maladie, aux blessures et à la prédation. Et en à peine un ou deux ans, les rejetons d'un couple de chats sauvages peuvent envahir un quartier.

Les personnes inquiètes accordent davantage d'attention au statut des chats sauvages, et des efforts sont faits pour castrer ou stériliser leurs colonies afin de régler humainement la question de la surpopulation. À la pointe de ces efforts se trouvent la SPA et les écoles de chats que l'on trouve partout en France, associations sans but lucratif, qui s'efforce d'éduquer les gens et qui s'occupent des chats errants. Une façon de garder les chats sauvages en bonne santé et de les empêcher de transmettre les maladies et de se reproduire, c'est d'utiliser le programme Trappage-stérilisation-identification et relache sur le terrain.

Ces chats sont piégés humainement. Ils subissent un examen médical, sont vaccinés et identifiés, castrés ou stérilisés, avant d'être rapportés à leur habitat d'origine. Pour savoir quel chat sauvage est passé par la campagne de stérilisation et d'identification de chats libres qui a lieu une fois par an, on lui fait une entaille à l'oreille ou on lui en coupe le bout, en tant que signe d'identité. Pour que la gestion d'une colonie soit couronnée de succès, les volontaires doivent alimenter régulièrement les animaux, surveiller la santé de la colonie et repérer les nouveaux arrivants.

L'ingénieux Korat

Imaginez le plaisir de vivre avec une « pièce de musée » vivante, à la robe aux poils argentés scintillants, et aux lumineux yeux verts. Le gouvernement thaïlandais reconnaît officiellement le chat Korat comme un trésor national. Un ancien manuscrit, le *Livre des Poèmes du Chat,* datant de la période Ayudha de l'histoire thaïe (1 350 à 1 767) décrit les chats « porte-bonheur ». Parmi eux figure le Si-Sawat, ainsi que le Korat connus en Thaïlande. Leurs « poils sont lisses avec des racines comme les nuages et des pointes d'argent » et leurs « yeux brillent comme des gouttes de rosée sur une feuille de lotus ».

L'apparence physique du Korat qui figure parmi les races les plus pures est restée inchangée depuis des siècles. Aujourd'hui, tous les Korat sont bleu argenté et tous sont d'ascendance thaïlandaise. Il est probable que les traits de personnalité caractéristiques de la race soient le reflet d'un riche héritage.

Les chats Korat ont bénéficié pendant des siècles d'étroite association avec des humains, particulièrement des hauts dignitaires thaïs, des membres de la noblesse et des représentants de gouvernements étrangers. Les Si-Sawat considérés comme des chats porte-bonheur étaient chéris de leurs propriétaires, et offerts comme cadeaux de mariage. Certains les dressaient pour chercher les scorpions dans les berceaux avant d'y placer les bébés.

Aujourd'hui, les Korat ont des liens exceptionnellement forts avec leur propriétaire et leur foyer. Ils suivent la famille partout dans la maison, communiquant avec elle par toute une variété de sons. Un Korat est un chat « écouteur », toujours en train d'observer, délibérément prudent. Le monde tourne autour d'un Korat, qui généralement préfère un foyer tranquille, et attend toujours que les gens s'adaptent à lui.

Dans la description d'un Korat, la première qualité généralement mentionnée est son intelligence. La plupart des chats sont instinctivement astucieux, mais les Korat manifestent de l'ingéniosité. Ils apprennent facilement des mots spécifiques, jouent à rapporter, et peuvent entrer dans n'importe quel placard. Dans le monde entier les amoureux des Korat sont fiers de parler de la mémoire exceptionnelle de leur chat, de leur capacité de réflexion, et de leur art à faire face aux situations.

Un couple de ma connaissance emportait toujours son Korat en bateau. Il ne pouvait pas monter sur le pont sans être pourvu de son harnais et de sa laisse. Quand il voulait rejoindre ses maîtres sur le pont, il prenait harnais et laisse dans sa gueule et les apportait au hublot.

Les chatons Korat aiment choisir leur propriétaire. Quand une portée est présentée à un propriétaire potentiel, tous les chatons sont curieux, mais souvent l'un d'eux décide que celui-ci est son maître, entreprend de grimper sur ses genoux, mordille peut-être ses cheveux, bref devient irrésistible, tandis que les autres restent timides et réservés.

Ces chats remarquables sont toujours très prisés tant pour leur personnalité engageante que pour leur éclatante beauté.

(Contribution de Joan Miller, juge toutes races.)

Chats, oiseaux et souris, oh-la-la !

Q Mon nouveau mari et moi essayons de faire vivre sous le même toit une assemblée hétéroclite composée de nos ados, de chats, d'oiseaux et de souris. Optimistes, nous espérons y faire régner l'harmonie. J'ai deux chats curieux. Mon mari a un oiseau bavard et une poignée de souris apprivoisées. Il n'a jamais possédé de chat. Je n'ai moi-même jamais eu d'oiseau ni de souris. Ces animaux peuvent-ils vivre harmonieusement les uns avec les autres ?

R Ici, la prévention est primordiale. Il est peu probable que vos deux chats adultes considèrent leurs nouveaux compagnons comme autre chose que des repas potentiels. Même si certains chats ne sont pas grands chasseurs et préfèrent un bol de bouillie de votre main, ne prenez pas le risque que l'oiseau ou la souris ne déclenche chez eux, instinctivement, le réflexe prédateur.

Même si vos chats semblent indifférents à l'oiseau ou aux souris, ne les laissez jamais ensemble sans surveillance. Si un membre de votre famille recomposée est disponible, qu'il s'assure qu'ils sont en sécurité dans leurs cages respectives, hors de portée de leurs pattes. Vous ne voulez pas d'un meurtre sous votre toit.

Il est toutefois important de faire comprendre à vos chats que l'oiseau et les souris font partie de la famille. Prêtez attention à des signes indiquant que vos chats sont moins amusés que provoqués par ces petites créatures. Les chats intéressés par une proie tendent à afficher leur curiosité, en restant très immobiles en la regardant fixement, ou en agitant légèrement la queue tout en rabattant les oreilles en arrière. Autre indice important : les prédateurs ne vocalisent pas avant de traquer et tuer. Toutefois, beaucoup de chats émettent une sorte de pépiement ou de caquètement quand ils commencent à être excités à la vue d'un oiseau.

Il est important de récompenser un comportement « cool » de vos chats en les félicitant et en leur donnant une friandise quand ils restent détendus en présence de l'oiseau et des souris. Si l'un de vos félins manifeste un comportement indésirable, comme donner des coups de patte sur la cage de l'oiseau ou tourner autour de la boîte des souris, vous pouvez lui jeter dessus un petit coussin ou l'asperger d'un peu d'eau pour le surprendre et le distraire (ne le frappez pas). Le message que vous voulez faire passer, c'est que des choses désagréables arrivent quand il donne des coups de patte ou regarde fixement les créatures en cage.

Quoique je ne sois pas grand amateur de punitions à distance, je crois qu'il faut assurer la sécurité des oiseaux. Vous ne pouvez pas effacer la nature prédatrice de votre chat, alors si vous voulez avoir une maison pleine d'ailes et de plumes, prenez des précautions supplémentaires pour garder l'oiseau et les souris hors de portée du chat curieux. Assurez-vous que votre chat ne peut pas sauter sur la cage ou se percher à côté et passer une patte à travers les barreaux.

Beaucoup d'animaux de compagnie d'origines différentes s'entendent, ou du moins se supportent. Certains chats – surtout ceux élevés avec des oiseaux et des souris depuis leur plus tendre enfance – peuvent atténuer leur instinct prédateur et devenir leurs amis. Mais vous serez la meilleure amie de tous vos animaux en étant vigilant.

Vrai ou faux ?

Certains « faits » félins sont en réalité pure fiction.

▶ **Les chats mangent de l'herbe quand ils sont malades.** Les chats ne mangent pas nécessairement de l'herbe parce qu'ils ont mal à l'estomac et ont besoin de vomir. Certains aiment le goût et la texture de l'herbe. L'herbe fournit des fibres pour les débarrasser des boules de poils – au nom scientifique assez rébarbatif de *tricobézoard* – et leur apporte des vitamines comme l'acide folique, que la viande ne leur apporte pas.

▶ **Un gros chat est un chat heureux.** Les chats en surcharge pondérale risquent quantité de problèmes de santé, tels que diabète, maladie de foie et arthrite. Maintenir votre chat à son poids idéal augmentera ses chances de vivre longtemps et en bonne santé.

▶ **Le lait est bon pour les chats.** Après le sevrage, le niveau de lactase (l'enzyme qui aide à la digestion du lactose) baisse de 90 pour cent. Cela explique pourquoi beaucoup de chats adultes vomissent ou souffrent de diarrhée s'ils boivent trop de lait de vache. Une cuillerée ou deux de temps en temps ne leur fera sans doute pas de mal, mais le lait n'est pas un ingrédient nécessaire de leur régime. Il vaut mieux leur donner une cuillerée de yaourt.

DEUXIÈME PARTIE

Papoter avec votre chat

Il est facile pour nous de nous féliciter d'être les meilleurs communicants du monde, grâce à la faculté de parler. Certaines personnes parlent plusieurs langues. D'autres nous fascinent par leur facilité d'expression. Mais il faut regarder la réalité en face : nos chats « parlent » beaucoup plus clairement que nous.

Les chats parlent sans détour. Le « C » de leur nom signifie candeur. Ils ne trompent jamais et ne font jamais semblant. S'ils se sentent menacés ou furieux, ils crachent. S'ils sont contents, ils ronronnent. Dans les papotages de chat à chat, il y a rarement des malentendus. Le message est délivré assez clairement par les postures corporelles et diverses vocalisations.

Mais entre les humains et les chats, des incompréhensions se produisent souvent. Ce que nous considérons peut-être comme un acte de défiance, par exemple utiliser le tapis de bain comme litière, pourrait être un appel au secours causé par un problème médical. Nous ne comprenons pas pourquoi les chats fuient nos embrassements mais semblent souvent rechercher nos visiteurs souffrant d'allergies. Nous ne faisons pas toujours la différence entre « miauler » et « mewer ».

Nous pouvons mieux communiquer avec nos chats en apprenant des notions du « langage » félin. En chemin, nous pouvons commettre un ou deux faux pas, mais qu'importe ?

Bla, bla, bla

Q Ma chatte Esmeralda est extrêmement bavarde. Le matin, dès mon lever, elle commence à miauler à mon intention. Si je « miaule » en réponse, elle répond aussi longtemps que je suis prête à jouer le jeu. Mon autre chat, Phoebus, est très silencieux et me parle rarement. Pourquoi certains chats sont-ils si bavards, et d'autres non ?

R Certains chats ont plus de choses à dire que d'autres, tout simplement. Les chats ressemblent beaucoup aux gens. Il y a les bavards, et d'autres qui préfèrent écouter plutôt que parler. Vous ne dites pas si Esmeralda est de pure race, mais certaines races sont plus enclines à la conversation. Le Siamois figure au sommet de cette liste. D'autres races orientales sont également connues pour parler davantage que le Persan ou le Main Coon, plus silencieux. Naturellement, il y a toujours des exceptions à cette règle. J'ai connu certains Siamois qui semblaient fonctionner en permanence sur le mode « muet », et certains Persans vaniteux qui ne s'arrêtaient de parler que pour manger et dormir.

Les chats apprennent vite. Ils réalisent que nous ne sommes qu'humains et que nous sommes souvent oublieux de leur langage corporel. Ils émettent toute une gamme de ronronnements et de sons complexes aux significations différentes, et ils tentent souvent de communiquer vocalement avec nous.

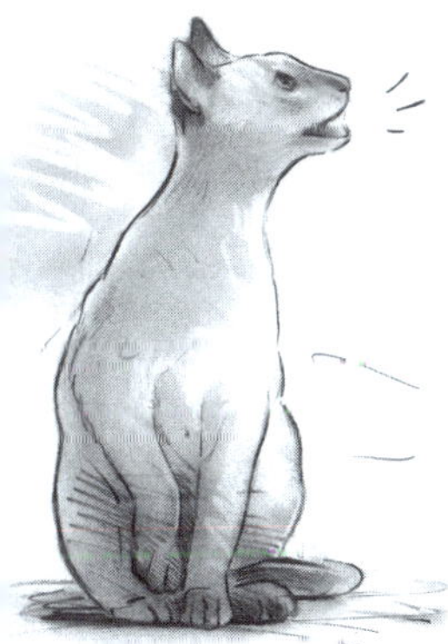

Vous semblez apprécier vos conversations avec Esmeralda, alors je vous recommande d'utiliser ces moments pour renforcer vos liens avec elle. Même si elle ne comprend pas explicitement ce que vous dites, elle appréciera votre ton amical et l'attention que vous lui consacrez. Des recherches comportementales conduites à l'Université de Bristol, en Angleterre, montrent que les gens qui imitent les folâtreries de leur chat ont de meilleurs rapports avec lui. De plus, les chats avec lesquels on joue ont tendance à être plus extravertis, décontractés et sociables.

À la fin de chaque journée, ce n'est pas tant les mots que vous prononcez qui comptent, que le ton de votre voix et le temps que vous passez avec Esmeralda. Mais n'ignorez pas Phoebus – ce n'est pas parce qu'il ne parle pas qu'il n'apprécie pas vos attentions et votre affection !

Impossible de se séparer

Q Mes deux chats évitent souvent les visiteurs qui veulent les caresser, mais foncent toujours sur mon amie qui a de terribles allergies ! Pourquoi les chats semblent-ils mettre le cap droit sur une personne qui désire les éviter ?

R Alors que certaines personnes – et certains chiens – adorent qu'on les admire, les chats ont une autre notion de leur classe. Tout ce qui se dirige rapidement vers eux sera sans doute interprété comme une menace. C'est pourquoi même si votre Tante Lilly adore votre Persan et désire l'étouffer sous ses baisers carminés, votre minou ne veut rien savoir de cette attention exubérante et s'enfuit.

Les chats aiment rester maîtres de la situation, et contrôler les présentations. C'est plus sûr ainsi, sans parler que c'est aussi plus digne. Votre amie allergique fait de son mieux pour ne pas regarder dans les yeux ni toucher physiquement vos chats. Dans leur système de communication, elle affiche de bonnes manières félines. Mais elle se trompe en pensant qu'ignorer vos chats leur fera croire qu'elle ne s'intéresse pas à eux, c'est tout le contraire qui est vrai. Ils la considèrent comme amicale et non menaçante.

Aussi stupide que ça paraisse, demandez à votre amie de taper dans ses mains et d'agiter les bras quand vos chats s'approcheront d'elle. Il n'est pas question de terrifier vos félins, mais ces gestes leur paraîtront suffisamment inamicaux pour qu'ils décident de garder leurs distances.

La solution la plus facile est sans doute de mettre vos chats dans une autre pièce et de fermer la porte pendant les visites de votre amie. Assurez-vous que cette pièce est pourvue de quelques aménités pour chats, comme une boîte à litière, de l'eau et un plat à pâtée, un lit confortable, un ou deux jouets et un perchoir d'où observer les activités extérieures.

À vos amis admirateurs de chats, suggérez qu'ils entrent en silence, qu'ils restent immobiles comme des souches et ne bougent pas du canapé pendant quelques minutes. Ils ne doivent pas non plus regarder vos chats dans les yeux ni tendre la main pour les caresser. Grâce à ce langage corporel discret, ils arriveront sans doute à un dialogue désiré avec vos deux compagnons.

Le but du ronronnement

Q Mon chat, Félix, adore ronronner, et ronronne assez fort. Tout ce que j'ai à faire, c'est le caresser, et il commence à vrombir. Mais la chatte de ma sœur, Ginger, ronronne rarement, même si elle semble heureuse et choyée. J'ai entendu beaucoup d'explications différentes sur les raisons pour lesquelles les chats ronronnent. Qu'en est-il exactement ?

R Le phénomène du ronronnement fascine les humains depuis une éternité. On a fait beaucoup de recherches pour comprendre cette pratique féline, mais personne ne sait avec certitude pourquoi les chats ronronnent, même si l'on croit que c'est un acte volontaire qui prend sa source dans le système nerveux central. En d'autres termes, les chats ronronnent dans un but, et non en réaction instinctive à une situation. Les scientifiques nous apprennent que les chats produisent des ronronnements en se servant du diaphragme pour faire aller et venir l'air sur des nerfs vibratoires du larynx. Les ronronnements ont une fréquence comprise entre 25 et 150 hertz. À la plus basse

Info chat

Saviez-vous que les chats peuvent ronronner quand ils inspirent ou expirent ? C'est un exploit que nous ne pouvons pas imiter. Essayez donc d'émettre un ronronnement en inspirant ou expirant. C'est plus difficile que de parler des chemises de l'archiduchesse.

extrémité de cette fourchette, le son peut ressembler à celui d'un moteur diesel tournant à l'arrêt, qui a la même fréquence.

Tous les chats domestiques et la plupart des félins sauvages naissent avec la capacité de ronronner.

Les chats, depuis les jeunes chatons jusqu'aux seniors, ronronnent quand ils sont heureux, par exemple quand on les caresse, quand ils anticipent leur dîner ou qu'ils se prélassent sur un lit douillet. Les mamans chattes ronronnent quand elles nourrissent leurs petits, et les chatons ronronnent quand ils tètent.

Mais beaucoup de chats ronronnent aussi quand ils ont peur ou qu'ils souffrent. Cela explique pourquoi les femelles peuvent ronronner quand elles mettent bas, ou que certains chats ronronnent quand on les examine dans une clinique vétérinaire, ou quand ils se remettent d'une blessure. Le ronronnement sert peut-être à rassurer ou réconforter le chat effrayé, et certaines études suggèrent que les vibrations graves du ronronnement stimulent physiquement les muscles et les os félins pour qu'ils restent sains, et accélère le processus de guérison. Les chats ronronnent jusqu'à la fin – il y a quelques années, quand ma bien-aimée Samantha dut être euthanasiée à cause d'une maladie de foie, le son de ses ronronnements nous réconforta toutes les deux tandis qu'elle s'éteignait paisiblement dans mes bras.

Le langage des chats déchiffré

Que votre chat soit un félin bavard ou un matou silencieux, vous aurez sans doute remarqué qu'il a une large gamme de vocalisations. Vous serez peut-être étonnés d'apprendre que les chats sont capables d'émettre 30 sons. Y compris 19 variations du simple miaulement. Voici certains des sons les plus communs chez les félins.

▶ **Mew.** Ce son agréable et aigu est utilisé pour encourager les gens à faire ce que veut le chat, comme par exemple « remplis mon plat, s'il te plaît » ou « j'aimerais bien sortir ». Les chatons émettent également ce son à l'intention de leur mère quand ils veulent téter.

▶ **Miaou.** Votre chat émet ce son long et pressant pour exprimer une exigence ou un déplaisir. Le « mi » signale au propriétaire où est le chat, et « aou » proclame « cherche-moi ». Un miaulement peut exprimer le dédain à l'égard de caresses trop vigoureuses, ou indiquer de l'irritation quand un mew poli à la porte de derrière a été ignoré.

▶ **Chirp.** Ce trille musical part de la gorge et se termine sur le ton de l'interrogation. Les mamans chattes s'en servent pour rassembler leurs petits au moment de la tétée. Adressé à une personne qu'ils aiment, ce son peut signifier « Je suis content que tu sois à la maison », ou « Oh, tu es là ».

▶ **Cackle.** Les chats très excités émettent souvent ce ka-ka-ka quand ils repèrent un oiseau par la fenêtre. Remarquez que la mâchoire inférieure de votre chat frémit quand il l'émet. C'est un son de frustration.

▶ **Gémissement.** Ce long gémissement de panique ou de protestation vient d'un chat extrêmement malheureux, ou qui souffre. Certains chats gémissent quand ils sont sur le point de régurgiter une boule de poils, ou pendant un examen vétérinaire.

▶ **Sifflement.** Ce son tout simple vous ordonne de reculer. C'est un signal d'alarme, avant que le chat ne se mette à se défendre en mordillant ou frappant. Un chat particulièrement furieux émettra aussi un son de crachement.

▶ **Miaulement déchirant.** Des chats furieux et agités peuvent se lancer dans une compétition de miaulements s'ils se sentent assez menacés pour attaquer. Ces hurlements précèdent ou accompagnent souvent le contact physique. Dans une situation de non-fuite, un chat sénile pourra pousser ce genre de miaulement, comme un chat sourd qui ne s'entend pas. Un chat peut avoir ce miaulement déchirant après la mort ou le départ d'un compagnon chat. Et les chattes en chaleur émettent ce miaulement sans interruption, ce qui est une autre bonne raison pour les stériliser.

Le pouvoir guérisseur du ronronnement

Q Quand Groucho, mon grand tigré, s'assied sur mes genoux et se met à ronronner de contentement, je sens tout le stress de la journée s'envoler. Je suis certaine que caresser sa douce fourrure et écouter ses ronronnements est bon pour ma santé, mais en existe-t-il des preuves scientifiques ?

R Ne sous-estimez jamais le pouvoir du ronronnement – les scientifiques respectent sûrement ce bruit magique de moteur. Des études récentes confirment que la présence d'un chat ronronnant peut faire baisser la tension artérielle d'un humain jusqu'à son niveau normal, diminuer le stress, atténuer le sentiment de solitude, et même renforcer la confiance en soi. Environ 65 % des foyers français possèdent un animal de compagnie, mais nous commençons juste à réaliser le pouvoir que possèdent nos amis, de nous aider à guérir physiquement, émotionnellement et mentalement. Les scientifiques sont également en train de découvrir que les chats et autres animaux chéris possèdent des capacités guérisseuses qui aident à lutter contre la maladie et à supporter des affections chroniques.

Dans son livre The Healing Power of Pets – Le Pouvoir Guérisseur des Animaux de Compagnie – le vétérinaire Marty Becker décrit l'impact biochimique que les animaux de compagnie ont sur la chimie corporelle de leurs propriétaires. Il a interviewé de nombreux experts médicaux qui lui ont fourni les résultats de nombreuses études scientifiques qui confirment l'étude scientifique à ce que nous sentions intuitivement – à savoir que les gens peuvent être en meilleure santé en communiquant positivement avec un animal de compagnie, et en partageant sa vie avec lui. Par exemple, le simple fait de caresser votre chat peut faire baisser votre tension artérielle.

Le Dr Allen Shoen, directeur de l'Institut Vétérinaire pour des Alternatives Thérapeutiques, à Sherman, Connecticut, a consacré sa carrière à étudier comment les animaux peuvent transformer et améliorer notre vie. Il explique que le ronronnement d'un chat stimule nos nerfs auditifs, et constitue un répit paisible à tous les bruits mécaniques dont nous sommes constamment bombardés.

Certains médecins établissent une « ordonnance d'animal de compagnie » à ceux de leurs patients qui vivent seuls et ont besoin de compagnie. C'est parce que les médecins ont découvert qu'un animal de compagnie dans une famille oblige certains patients à faire davantage d'efforts quand ils se trouvent atteints d'une maladie grave telle que le cancer. Avoir un animal à nourrir et soigner peut stimuler les convalescents à mieux prendre soin d'eux-mêmes.

Voici trois façons faciles et saines de mettre à l'épreuve le pouvoir guérisseur de votre compagnon félin :

→ **Chaque jour, passez un moment à juste regarder et écouter votre chat**, et à lui parler. Cela aide à la production de ces neurotransmetteurs du « bien-être » qui nous aident à nous détendre.

→ **Frictionnez votre chat comme il faut.** Apprenez à donner à votre animal un massage thérapeutique, ce qui vous calmera tous les deux.

→ **Participez à des jeux dynamiques avec votre chat**, et vous découvririez peut-être que vous vous débarrassez plus vite de votre stress quotidien, que vous respirez plus profondément et que vous riez plus librement.

La queue, baromètre de l'humeur

Q Ma chatte, Mimi, dresse la queue en l'air quand elle circule dans la maison. Quand elle est dans le jardin et qu'elle me voit sortir, sa queue se dresse immédiatement. Chez les chiens, je sais qu'une queue détendue qu'ils remuent signifie généralement qu'ils sont heureux et excités. Mais quand il s'agit des chats, je ne sais pas exactement comment interpréter ces signaux de la queue. Les chats utilisent-ils leur queue comme les chiens pour communiquer ?

R La queue mobile du chat fait beaucoup plus que de servir de gouvernail et d'assurer l'équilibre. Comme les chiens, les chats utilisent leur queue pour signaler leur humeur, un peu comme « les bagues d'humeur » des années 1970. Vous en souvenez-vous ? Elles étaient censées changer de couleur quand on était joyeux ou furieux. La grande différence, c'est que la position de la queue d'un chat est beaucoup plus fiable que ces bagues. Bien interpréter le message transmis par le « parler queue » de votre chat peut vous aider à mieux communiquer avec lui. Voici quelques positions clés de la queue et ce qu'elles signifient :

▶ **Haut dressée.** Un chat satisfait et plein d'assurance dressera haut la queue en circulant sur son territoire. Une queue dressée comme un mât indique la bonne humeur et un accueil amical. Les chats transmettent souvent ce message quand ils approchent une personne qui leur plaît. Si le tiers supérieur de la queue frémit pendant que le chat s'approche de vous, c'est qu'il vous adore.

▶ **Point d'interrogation.** Une queue recourbée en forme de point d'interrogation exprime souvent une humeur joueuse. Ce serait le moment de jouer avec lui pendant cinq ou dix minutes.

▶ **Queue basse.** Une queue tombant droit vers le sol, parallèle aux pattes, peut exprimer une humeur agressive. Méfiez-vous. Cela dit, il y a des exceptions à cette règle. Certaines races, tels les Persans, les Exotics et les Scottish Folds, portent normalement leur queue plus bas que leur corps.

▶ **Entre les jambes.** Une queue recourbée sous le corps indique peur ou soumission. Quelque chose rend le chat nerveux.

▶ **Gonflée.** Une queue en forme de cure-pipe indique un chat très agité et effrayé, qui s'efforce d'avoir l'air plus gros pour écarter le danger.

▶ **Fouette l'air.** Une queue qui fouette l'air rapidement indique à la fois la peur et l'agressivité ; c'est un avertissement qui signifie « n'approchez pas ».

▶ **Bruissante.** Une queue qui bruisse en se balançant lentement de droite à gauche signifie généralement que le chat est concentré sur un objet. Ce qui arrive souvent juste avant que le chat ne bondisse sur une souris jouet. Cela fait partie de leurs postures de prédation.

▶ **Frémissante.** Une queue dont seul le bout frémit est un signe de curiosité et d'excitation.

▶ **De chat à chat.** Une queue enroulée autour d'un autre chat est l'équivalent d'une personne prenant dans ses bras un animal chéri et traduit l'amitié féline. Ma chatte Callie et Gus arpentent souvent mon couloir queue contre queue.

La pose Halloween

Q De temps en temps, mon jeune chat fait le gros dos, gonfle ses poils et bondit à travers la pièce sur des pattes rigides. Il a l'air ridicule. Je ne peux pas m'empêcher de rire quand il adopte cette posture inquiétante. Pourquoi fait-il cela ?

R Dans une situation lutte-ou-fuite, un chat doit gérer ce qu'il perçoit comme une situation effrayante. Dans l'organisme de votre chat, les transmetteurs biochimiques sont à l'œuvre. L'adrénaline se met à couler dans son corps, lui faisant hérisser les poils, faire le gros dos et gonfler la queue. Résultat ? Il ressemble à une affiche de film d'horreur.

Les chats prennent cette pose pour sembler physiquement plus gros et plus menaçants face aux dangers qui approchent. Notez également que votre chat se place de profil par rapport à l'attaquant pour grossir encore son apparence. Extérieurement, il a l'air méchant et prêt à gronder, mais intérieurement, il espère que l'attaquant (que ce soit un chien étranger, un visiteur inconnu, ou un bruit saisissant à la télévision) s'en ira et le laissera tranquille.

C'est la posture féline classique du bluff. Cela peut nous paraître comique, mais pour nos chats, la menace est réelle et la pose est une réaction instinctive. Si cette posture ne marche pas, le chat a deux solutions : fuir ou se préparer à se battre.

Les yeux dans les yeux

Q Ma chatte, Daphné, a des yeux magnifiques, grands ronds et dorés. C'est une Bengali que j'ai adoptée tout jeune il y a trois ans. Elle est devenue très affectueuse, elle aime jouer et me suit partout dans la maison. Parfois, pour m'amuser, je la regarde dans les yeux. Je pensais que les chats pouvaient soutenir notre regard plus longtemps que nous, mais c'est toujours elle qui détourne les yeux la première et qui commence à cligner des yeux. Qu'est-ce qu'elle essaie de me dire ?

R Ah, vous êtes la fière destinataire du clin d'œil félin. Les chats qui clignent doucement des yeux à l'intention de personnes sélectionnées lui marquent leur affection, et aussi leur confiance. Daphné vous dit, dans le langage candide des chats, qu'elle vous adore. Remplissez-la de joie en répondant par des clins d'œil de votre cru. Elle sera peut-être subjuguée par votre perspicacité féline, et vous manifestera d'autres preuves d'amitié.

Les chats ont le regard intense pour les situations où ils sont en danger ou ressentent de l'animosité envers quelqu'un ou quelque chose, de sorte qu'il vaut mieux éviter de regarder votre chat dans les yeux si vous voulez conserver l'harmonie entre vous.

Communication de chat à chat

Q Mes quatre chats s'entendent bien, autant que je peux en juger. Ils n'ont pas de bagarres vicieuses ni d'échanges d'affreux hurlements. Ils sont tous adultes, âgés de trois à dix ans. Chacun est arrivé à une époque différente. Comment puis-je savoir s'ils s'aiment entre eux ou s'ils ne font que se tolérer ?

R Malgré la variété des sons énumérés p. 67, les chats s'en remettent moins aux sons qu'aux postures corporelles et aux odeurs marquant leur territoire, quand ils communiquent entre eux. Pourtant, certains chats crachent à l'adresse d'un de leurs compagnons s'ils se sentent menacés ou sur la défensive. On pense généralement aux chats comme à des créatures solitaires qui n'aiment la compagnie que lors de l'accouplement ou de la maternité, pourtant beaucoup de chats nouent de solides amitiés. Pourquoi ? C'est une question complexe que les comportementalistes animaliers n'ont pas fini d'étudier. Ce qu'on sait, c'est que l'espace compte beaucoup pour les chats. Je parle de l'espace physique entre deux chats qui partagent le même foyer.

Les chats qui se tolèrent, ou mieux qui s'aiment bien, exigent moins d'espace dans une maison que des chats hostiles. En plus de l'espace félin, la disponibilité des ressources joue aussi un rôle dans le maintien de la paix. S'il y a beaucoup de nourriture disponible pour tous, il y a moins de chances qu'ils se battent pour manger. La même chose est valable pour le nombre de boîtes de litière. La règle, c'est une litière par chat, plus une.

Tous les chats ne se blottissent pas les uns contre les autres et ne jouent pas ensemble, mais cela ne veut pas dire qu'ils ne sont pas contents de partager le même foyer. Ne vous inquiétez pas si vos chats s'ignorent ou ne se reniflent le nez que de temps en temps. Mais surveillez les signes de stress comme les oreilles rabattues, les pupilles dilatées, la queue basse et les crachements. D'après votre description, je jurerais que votre quatuor adopte souvent des postures détendues des oreilles et de la queue, et qu'ils se sentent tous en sécurité et bien nourris. Aucune raison d'entrer en compétition alors qu'ils sont tous les quatre chouchoutés.

Maternelle pour chats

Les classes pour chiots sont bien connues, mais en France, ces classes n'existent pas pour les chatons. À titre seulement d'information, les premières ont été créées il y a environ dix ans par le vétérinaire comportementaliste australien Kersit Seksel. Aujourd'hui, des cours de maternelle pour les chatons sont offerts par Communication Féline au Québec.
Les maternelles pour chats ont deux buts : socialiser les chatons et aider les gens à mieux comprendre l'esprit félin.

Vêtements noirs, chat blanc

Q Chaque fois que je revêts une robe ou un pantalon noir, je peux être sûre que mon chat Toby va entrer dans la pièce et se mettre à se frotter contre mes jambes. En un rien de temps, mes jambes sont couvertes de poils blancs des genoux aux chevilles. Je m'efforce de le repousser doucement, mais sans résultat. Pourquoi agit-il ainsi et qu'est-ce que je peux faire pour qu'il cesse ?

R Quand un chat se frotte contre vos jambes ou effleure votre main de sa joue, il vous envoie deux signaux. Le premier est une sorte de flatterie féline. Vous êtes l'heureuse élue de son affection. Une flatterie qui ne vous mènera nulle part, sauf, au rouleau collant qui vous permettra d'enlever la signature poilue de Toby de votre pantalon de sortie.

Le second signal concerne la protection du territoire. Les chats ont des glandes d'odeurs sur les lèvres, le menton, le front et la queue. Nous ne percevons pas le résidu huileux que déposent ces glandes, mais les autres chats (et les chiens) le peuvent.

Quand Toby se frotte contre vos jambes, il avertit d'autres créatures de se tenir à distance et de respecter « sa » propriété.

En repoussant doucement Toby vous renforcez involontairement ce comportement. Quand vous l'écartez de vos jambes, il apprécie le toucher de votre main, de même qu'il laisse sa carte de visite sur votr pantalon. Double victoire !

Il est clair que Toby est bien traité et qu'il vous aime. Un compromis est peut-être à l'ordre du jour. Réservez à Toby un moment de la journée pendant lequel vous lui consacrerez plus d'affection que d'ordinaire, et lui parlerez doucement. Peignez-le régulièrement pour le débarrasser des poils morts. Voici un truc pour cette opération : caressez-le doucement dans le sens du poil. Cela enlève les poils morts (les seuls que perdent les chats) mieux que le peigne. Non seulement cela les élimine, mais cela stimule la pousse de nouveaux poils. Un bain ou un shampooing sec de temps en temps vous aideront aussi à gérer l'abondance des poils morts.

Info chat

L'expression « pyjama pour chat » fut inventée par E. B. Katz, tailleur anglais de la fin des années 1 700. Il faisait des pyjamas en soie pour les élites britanniques.

Si Toby insiste pour se frotter contre vos jambes, peut-être devriez-vous penser à rendre vos toilettes moins tentantes. Vaporisez légèrement sur votre pantalon un produit répulsif ou de la citronnelle (lisez d'bord les instructions pour vous assurer que cela n'abîmera pas le tissu). Un reniflement, et Toby tournera les talons pendant que vous sortirez de la pièce avec des vêtements propres. Mais n'espérez pas que Toby saura qu'il peut se frotter contre vos jambes quand vous êtes en jean mais pas quand vous êtes en pantalon chic – vous devez soit accepter quelques poils, soit décourager totalement cette manifestation d'affection.

Bondir et rebondir

Q **Rex, mon chaton de cinq mois, grimpe souvent sur le dos de Mozart, notre vieux chien de chasse, et se met à sauter latéralement. Mozart regarde Rex comme s'il arrivait d'une autre planète. Il fait de son mieux pour ignorer Rex, mais Rex persiste. Parfois, il passe sa patte sur le museau de Gus, puis s'enfuit précipitamment. Que se passe-t-il ?**

R Rex lui adresse une invitation à jouer. Les chatons font souvent le gros dos, gonflent leur queue (le bout pointé vers le bas), et exécutent cette dansc disco latérale pour faire semblant d'être effrayés. À l'évidence, Gus ne représente aucun danger pour Rex, mais il s'ennuie un peu. Il voudrait que Gus participe à un jeu amical.

Il est clair que Rex a besoin d'un compagnon pour jouer. Le vieux Gus n'est pas partant, c'est clair, alors je vous encourage, vous et votre famille, à lancer des boules de papier dans les couloirs pour que Rex bondisse dessus, ou à traîner une ficelle par terre pour qu'il coure après. Il aimerait peut-être suivre des jeux de lumière sur un mur. Assurez-vous simplement qu'il n'y a pas d'objets cassables alentour, come le vase d'époque de votre Tante Louise. Veillez aussi à ce qu'il n'y ait pas de meubles lourds qui pourraient blesser un chaton sauteur en pleine action. Même les chatons les plus agiles peuvent se tromper sur la distance, et s'écraser contre un meuble. Aïe !

Rex paraît adorable, et il mérite des compagnons de jeu prêts à s'amuser avec lui tous les jours.

Que faire en cas de surdité

Q Dans un refuge local, j'ai récemment adopté Lizzy, chatonne blanche aux yeux bleus de cinq mois. Lors de son premier bilan de santé, le vétérinaire m'a informée que Lizzy était sourde. Naturellement, je vais la garder, mais comment communiquer avec un chat sourd ?

R Lizzy a de la chance que vous l'ayez adoptée. Les chats sourds posent des problèmes supplémentaires, mais cela ne les rend que plus intéressants. Certains chats naissent sourds. Brève leçon de génétique. La surdité est associée au simple gène autosomal dominant blanc, spécialement en combinaison avec les yeux bleus. Les chances de surdité chez les chats blancs aux yeux bleus augmentent de façon spectaculaire si les deux parents sont blancs. Et les Siamois, direz-vous ? Bien qu'ils soient célèbres pour leurs yeux bleus, ils ne naissent pas sourds parce qu'ils ne possèdent pas le gène dominant blanc.

Les chats blancs aux yeux bleus comme Lizzy sont plus vulnérables à la surdité à cause de la dégénérescence du canal cochléaire de l'oreille interne. Le mécanisme responsable de la pigmentation des yeux contrôle également le développement des oreilles. Quand les cellules pigmentaires responsables de la couleur sont stoppées prématurément, l'audition en est affectée.

D'autres chats deviennent sourds suite à une grave infection des oreilles, à la toxicité de médicaments ou à un traumatisme crânien. La vieillesse est également une cause de surdité. Quelle qu'en soit la cause, les chats sourds sont facilement effarouchés, surtout si l'on s'approche d'eux par-derrière ou si on les touche pendant qu'ils dorment. Certains chats sont assez bruyants parce qu'ils n'entendent pas leur propre voix et ne contrôlent pas le volume de leurs miaulements.

Il devrait aller sans dire qu'à cause de leur infirmité, les chats sourds doivent strictement vivre à l'intérieur. Je vous recommande de prendre rendez-vous avec votre vétérinaire pour poser une puce à Lizzy, et d'ajouter à son collier une plaque d'identité portant son adresse et précisant qu'elle est sourde, au cas où quelqu'un la trouverait dehors.

Attachez une clochette à son collier pour pouvoir suivre ses mouvements. Comme Lizzy ne vous entend pas, vous devez toujours l'approcher de face pour ne pas l'effaroucher, sinon, par peur, elle pourrait vous donner un coup de patte. L'approcher de face la prépare à communiquer avec vous. N'oubliez pas d'en informer vos visiteurs. Si vous devez la réveiller, frappez lourdement du pied le sol près d'elle, pour qu'elle perçoive les vibrations. Si elle dort dans son couffin ou sur un meuble, il vaut mieux frapper sur la surface proche d'elle plutôt que la toucher. Vous pouvez apprendre à un chat sourd à venir près de vous, à s'asseoir et à exécuter d'autres mouvements, à l'aide de signaux manuels. Vous pouvez aussi utiliser une lampe électrique ou un pointeur laser. Servez-vous de la lampe électrique pour guider votre chat quand vous voulez qu'il s'en aille. La lampe électrique peut s'utiliser également pour distraire un chat sourd qui est monté sur un comptoir de cuisine, qui griffe un canapé, ou qui se livre à d'autres bêtises félines.

Bref, avec un peu d'aide, les chats sourds peuvent mener une vie pleine et agréable. Ils s'adaptent vite et compenseront leur handicap en s'en remettant davantage à leurs autres sens comme la vue et l'odorat.

Parler aux chats

Q Quand je prononce le mot « friandise », mon chat, Toto, arrive en courant. Si je dis « marcher », il se dirige vers la porte où j'accroche son harnais et sa laisse. Il adore les courtes promenades dehors. Les chats comprennent-ils la parole comme les chiens ?

R Comme les chiens, les chats interprètent le ton de la voix et le langage corporel mieux qu'ils n'apprennent le sens des mots. Ils évaluent constamment nos syllabes et nos gestes pour déterminer si nous les complimentons ou si nous les grondons. Même si nous ne parlons pas, ils perçoivent nos émotions et nos intentions.

Voici un challenge félin pour vous. Sans aucun signal corporel, regardez Toto dans les yeux et dites d'un ton sévère « Tu es un minou adorable. Je vais te donner une friandise. » Puis regardez-le dans les yeux et dites d'un ton joyeux : « Tu es un vilain minou. Je déteste quand tu griffes les meubles ». Je parie que Toto s'approchera plus volontiers quand vous parlerez d'un ton joyeux plutôt que d'un ton fâché.

Cet exercice démontre que, pour votre chat, ce n'est pas ce qu'on dit qui compte, mais le ton dont on le dit. Même si nous parlons des langages différents, nos astucieux félins font très attention à nos expressions et à nos habitudes. Certains associent rapidement le son de leur nom avec le désir de leurs maîtres d'attirer leur attention.

Ma chatte Callie se dirige vers la porte grillagée de mon balcon quand je dis : « Callie, veux-tu sortir ? » Naturellement, quand je prononce cette phrase, je me dirige vers le balcon, main tendue pour ouvrir la porte. Si je fais les mêmes gestes, et que je garde le même ton, mais que je modifie les paroles en : « Callie, veux-tu venir surfer ? » Callie me suit joyeusement vers le balcon pour respirer une bouffée d'air frais – sans penser recevoir une seule goutte du puissant océan sur elle.

Caractères originaux

Bien qu'il n'existe aucune étude scientifique pour confirmer que les chats ayant des poils orange dans leur robe peuvent paraître un peu « dingues » comparés à leurs frères et sœurs tout noirs, bien des amoureux des chats savent que leurs chats bigarrés, écaille de tortue ou femelles tigrées rousse manifestent souvent plus de cran et d'entrain que les autres.

Miller nous explique qu'une « théorie du gène orange » semble expliquer des traits de personnalité. Elle remarque que le Chat Chesshire dans le célèbre, Alice au Pays des Merveilles, est un tigré roux. Et nous savons à quel point il était cinglé !

Le gène orange est lié au sexe (X) et non au même chromosome que tous les autres gènes marquant pour la couleur. C'est pourquoi seules les chattes peuvent avoir une robe à la fois noire et orange parce qu'elles ont deux gènes X. Les mâles, avec leurs gènes XY, peuvent être noir ou orange, mais pas les deux à la fois. Cela signifie que les chats écaille de tortue et tricolores sont toujours des femelles - et de toute façon, les femelles sont souvent moins sereines que les mâles.

Pas touche à mon ventre !

Q Prunelle, ma calico d'un an, aime quand je la gratte sous le menton ou que je lui caresse la tête, mais elle a horreur que je lui frictionne le ventre. J'ai eu d'autres chats et chiens qui en raffolaient. Pourquoi n'aime-t-elle pas qu'on lui touche le ventre ?

R Je ne sais pas depuis quand vous avez Prunelle, mais les calicos ont tendance à être un peu craintives et prudentes durant leurs premières années. Un ami vétérinaire m'a dit un jour : « Les calicos sont comme le chocolat : douces à l'extérieur, et « nuts » à l'intérieur. Il l'a dit en plaisantant, mais cela ne manque pas d'à-propos. Toutefois, quelle que soit sa couleur, le ventre d'un chat est l'une des parties les plus vulnérables de son corps, et bien des chats hésitent à exhiber cette faiblesse.

Tous les félins ont besoin de temps pour se laisser manipuler par les humains. Il faut cultiver la confiance. Pour le moment, respectez les désirs de la chatte et évitez les caresses sur le ventre. Donnez-lui du temps pour s'habituer à être manipulée par vous. Si Prunelle se couche près de vous ventre en l'air, apparemment détendue, complimentez-la, mais ne lui touchez pas le ventre jusqu'à ce que vous soyez sûre que cette posture est une invitation à le faire.

À la place, faites-lui un petit massage, par exemple de la colonne vertébrale, à l'aide de l'index et du pouce (pas des ongles). Augmentez sa confiance en vous en lui caressant la tête ou en la grattant sous le menton, et en l'invitant à s'asseoir sur vos genoux ou près de vous quand vous lisez ou que vous regardez la télévision.

Prunelle changera peut-être et deviendra une chatte câline réclamant des caresses, même sur le ventre. Si ce n'est pas le cas, comprenez que certains chats n'aiment pas qu'on touche certaines parties de leur corps.

Hurler et miauler

Q J'ai deux Siamois, un mâle castré, Caramel, et une femelle stérilisée nommée Kiki. Tous deux ont environ six ans et viennent de la même portée. Kiki se comporte bien, mais pas Caramel. Dès que le soleil se couche, Caramel commence à arpenter toute la maison en miaulant aussi fort qu'il peut. J'ai essayé de le calmer en l'accablant d'attention quand il semble bouleversé, mais quoi que je fasse, il continue à hurler. J'ai du mal à dormir. Comment le calmer ?

R Les chats sont de nature crépusculaire, c'est-à-dire qu'ils dorment beaucoup durant le jour et deviennent plus actifs à l'aube et au crépuscule. Quand le soleil se couche, Caramel déborde d'énergie et se met à arpenter la maison et à vocaliser, peut-être frustré de ne pas pouvoir participer à diverses activités félines se déroulant dehors. Puisque ses hurlements ont augmenté au point de devenir un problème, il faut d'abord déterminer ce qui provoque chez lui cette hypervocalisation. Peut-être faut-il blâmer la génétique. Après tout, les Siamois ont des prédispositions à être de grands bavards. Ses hurlements sont peut-être causés par un grand besoin d'attention ou par un problème médical.

Je vous conseille de le faire examiner par votre vétérinaire pour enlever le doute d'une blessure ou d'une maladie le faisant souffrir. Certains chats deviennent très bruyants quand ils deviennent hyperthyroïdiens.

La cause de ses hurlements est peut-être un problème émotionnel, comme l'anxiété ou la peur. Travaillez avec votre vétérinaire pour chercher un traitement ou des médicaments appropriés. Si vous pensez que ces hurlements ne sont qu'une demande d'attention, vous pouvez mettre fin à ce comportement en ignorant ostensiblement ces vocalisations exagérées. Ce ne sera pas facile ; au début, Caramel hurlera sans doute plus fort et plus souvent quand il s'apercevra que vous ne réagissez pas. Quand il commence, ne dites rien – résistez à la tentation de lui dire de se taire. Tout simplement, quittez la pièce ou fermez la porte pour qu'il ne vous voie pas.

La nuit, laissez-le hors de votre chambre, et ne lui accordez pas le moindre signe d'attention, même pour lui dire de se taire. Vous pouvez commencer à lui faire comprendre que vous l'ignorez en émettant un son spécial, comme un claquement de langue quand vous quittez la pièce. On appelle cela un stimulus passerelle, et on l'utilise pour avertir le chat que son propriétaire est sur le point de l'ignorer. La clé de la réussite, c'est d'être patient et d'éviter les punitions. Car toute attention, y compris les gronderies, c'est toujours de l'attention dans l'esprit du chat.

Une autre étape consiste à modifier ses horaires de repas et de sommeil. Si possible, jouez davantage avec lui durant la journée, ce qui diminuera le nombre et la longueur de ses siestes, de sorte qu'il sera plus fatigué le soir. Donnez-lui son repas le plus copieux le soir, juste avant d'aller vous coucher. Un chat dont l'estomac est plein aura davantage tendance à dormir qu'à s'activer.

Dans certains cas, un chat hurlant se calmera si on lui donne une caisse confortable (Elle devra être spacieuse, comprendre une boîte de litière, avec assez d'espace entre elle et l'aire de sommeil.) Cette tactique ne marche pas avec tous les chats, parce que ce ne sont pas des animaux à niche comme les chiens, mais certains chats semblent apprécier d'avoir une chambre à coucher bien à eux. Assurez-vous que ce sera un endroit agréable avec une literie de luxe et peut-être une friandise ou de l'herbe à chat, et non pas un lieu de punition.

Mordre et fuir

Q Ma chatte, Paloma, est une métisse siamoise. Elle adore se blottir contre moi, mais parfois, quand je la caresse, elle me mord. Quelquefois assez fort pour percer la peau. Pourquoi, et, puis-je lui apprendre à ne pas mordre après douze ans de vie commune ?

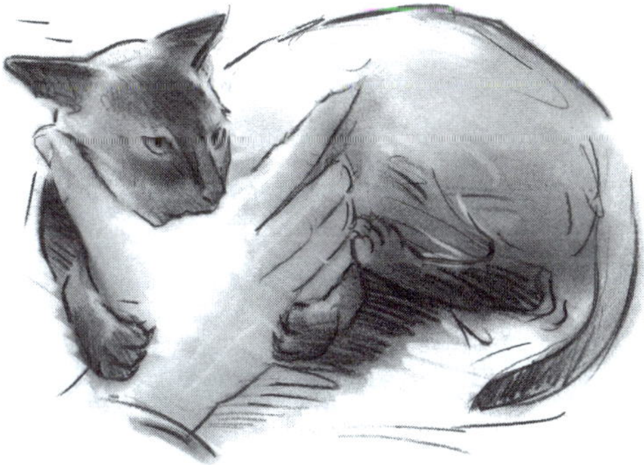

R Paloma mord la main qui la nourrit, et sans le moindre remords. Il est facile de se tromper sur la raison de cette morsure. Ce n'est pas une morsure amoureuse, mais plutôt l'indication qu'elle a enduré suffisamment de bonté humaine. Sa morsure peut se traduire par « Arrête de me caresser ou je vais mordre plus fort. »

Certains chats mordent parce que, quand ils étaient chatons, leurs maîtres jouaient avec eux et leur permettaient de les mordiller, ce qu'ils trouvaient très mignon. Ils grandissent donc en pensant que c'est normal de mordre et de donner des coups de patte. Mais quand ils sont devenus adultes, avec des dents pointues et des griffes acérées, ils sont beaucoup moins mignons !

D'autres chats mordent parce qu'ils ont peur ou qu'ils ne se sentent pas bien ; mais parce qu'on les a caressés toute leur vie, on a tendance à penser que ces agressions sont provoquées par les caresses. Alors que certains chats tolèrent la caresse, d'autres sont stimulés très fortement par cette sensation et réagissent automatiquement en mordant.

Paloma vous mord sans doute en dernier ressort, après vous avoir envoyé ce qu'elle considère comme des avertissements préalables assez clairs. Cela peut se manifester par la queue qui fouette l'air, les oreilles qui frémissent, les pupilles qui se dilatent, les postures qui changent, les muscles qui se crispent ou les ronronnements qui cessent. Quand Paloma vous envoie ces signaux avertisseurs, c'est pour vous le signal d'arrêter les caresses. Elle vous a communiqué, dans son meilleur langage chat, qu'elle en a assez.

Pendant un certain temps, cessez de tant caresser Paloma. Accueillez-la d'un ton amical, mais évitez de la toucher pendant deux jours. Cela lui fera désirer votre attention physique. Quand vous vous remettrez à la caresser, que ce soit seulement pendant quelques secondes, puis arrêtez. En comprenant mieux ces signaux corporels, vous pourrez sauver ainsi votre main d'une morsure importune.

Battre le pauvre chien

Q Je ne pensais pas qu'un jour je verrai un chat malmener un chien. Mais malheureusement, c'est arrivé dans mon foyer. Mon tigré de trois ans, Victor, taquine, traque, et donne même des coups de patte à mon chien, Oscar. Oscar est un métis caniche terrier mâle de deux ans, qui pèse à peu près le même poids que le chat. Pourquoi Victor persécute-t-il Oscar, et que puis-je faire pour mettre fin à ce comportement ?

R La vérité vraie concernant les chiens et les chats, c'est que les chiens ne sont pas toujours les persécuteurs. Certains chats tourmentent leurs compagnons canins. Cela n'a rien à voir avec la taille physique, mais avec l'attitude. J'ai vu un chat s'en prendre à un berger allemand et faire fuir de peur ce grand chien. Les chats machos comme Victor veulent contrôler pratiquement toutes les situations. Ils peuvent même tenter de persécuter leurs maîtres, en exigeant leurs repas quand ils les désirent et en mordillant les mains quand ils décident qu'ils ont reçu assez de caresses.

Les chats machos n'acceptent ni punitions ni corrections, mais ils ont un point faible – ils désirent de l'attention. Utilisez cela à votre avantage pour aider Oscar. Rééduquer un félin autoritaire est la même chose qu'éduquer un chien dominant. Commencez par faire faire davantage d'exercice à Victor pour qu'il dépense une partie de son énergie excessive, tourne son attention sur vous, et vous prenne pour compagnon de jeu, à la place de ce pauvre Oscar. Protégez vos mains en partageant des jeux avec lui – une canne à pêche jouet ou un taquin chat (une spirale en fil de fer avec une légère petite boule de laine à tricoter à un bout qui bouge capricieusement, imitant les mouvements d'un papillon).

Avec Oscar, la première étape consiste à faire cesser les attaques. Surveillez les premiers signes avertisseurs, et arrêtez la bagarre avant qu'elle ne commence. Juste avant une bagarre, un chat, typiquement, baissera la tête, fera le dos rond, et se dandinera un peu. Voyant cela, restez calme. Le gronder et lui crier dessus ne fera qu'augmenter son agressivité à l'égard d'Oscar. Au lieu de cela, intervenez et essayez de distraire Victor avec des friandises ou un jouet, ou de passer un moment à le gratter sous le menton. Les chats ne peuvent pas être heureux et furieux en même temps. Séparez-les quand vous n'êtes pas là pour les surveiller. Évitez de les avoir tous les deux en des moments comme les repas ou votre retour à la maison. Refaites les présentations quand ils sont fatigués tous les deux – par exemple après que vous ayez joué avec Victor et emmené Oscar en promenade. Quand vous les mettez ensemble, tenez Oscar en laisse et laissez-lui apprendre les signaux avertisseurs de Victor. Continuez jusqu'à ce qu'ils soient calmes tous les deux. Puis détachez la laisse d'Oscar. Enfin, assurez-vous de couper les griffes à Victor, pour qu'il ne blesse pas Oscar.

Hostilités félines

Q J'ai deux chats de moins de deux ans qui ne sont pas apparentés. J'ai d'abord adopté Carmen, et j'ai rapporté Moka à la maison deux mois plus tard. Dès le premier jour, ils sont devenus copains. Mais la semaine dernière, Carmen a manifesté de l'hostilité à l'égard de Moka. Je les enferme maintenant dans deux pièces différentes. Quand la porte est accidentellement ouverte, Carmen essaye d'attaquer Moka, qui crache et s'enfuit. J'adore mes deux chats et je voudrais qu'ils redeviennent amis. Que puis-je faire pour rétablir la paix ?

R Quand il s'agit de dissimuler malaise ou souffrance, les chats sont de vrais pros. Une maladie sous-jacente est peut-être la cause de ces crises soudaines chez Carmen ; mon premier conseil sera donc d'aller voir votre vétérinaire. Toutefois, il n'est pas rare que des chats, longtemps bons amis, se mettent à se chamailler. Essayez de vous rappeler quand le comportement de Carmen a changé. Il s'agit peut-être d'un cas d'agression réorientée.

Parfois, un chat d'intérieur est énervé ou furieux en voyant par la fenêtre un chat ou tout autre animal. Se sentant frustré, ou peut-être menacé, le chat d'intérieur déchaînera son hostilité sur la cible la plus proche - généralement un autre chat de la maison. Ou bien, lorsqu'un chat revient de chez le vétérinaire, il peut rapporter des odeurs bizarres pour son compagnon, qui réagit alors en crachant ou attaquant cet intrus, soudain devenu un étranger.

Dans la maison, les chats ont tendance à se répartir les lieux selon l'heure de la journée. Un chat peut s'approprier le canapé le matin, tandis qu'un second chat occupera cette place dans l'après-midi. Certains foyers se transforment en champ de bataille quand survient un changement de routine ou quand un chat, ou les deux, ressentent le besoin de défendre leur territoire du moment.

Vous avez bien commencé en séparant Carmen et Moka pour leur propre sécurité, et pour réduire leur stress. Chaque chat doit avoir accès à toutes les facilités félines qu'il mérite. Cette liste comprend une fenêtre pour regarder dehors, une litière, de la nourriture, de l'eau, des friandises, des jouets. Changez-les de place tous les jours, mais sans bouger les bols à nourriture ni les litières. Cette tactique les habitue à l'idée de vivre ensemble et de partager les lieux et les objets.

Quand vous allez les voir, prenez un chiffon humide et frottez-le sur le dos de Carmen, puis sur celui de Moka, et revenez à Carmen pour qu'ils partagent leurs odeurs. Le but est qu'ils échangent leurs odeurs, dans l'espoir qu'ils s'accepteront mieux l'un l'autre. C'est une technique couramment utilisée pour présenter deux chats qui se rencontrent pour la première fois, mais elle est également efficace pour que deux chats d'un même foyer qui commencent à se chamailler refassent connaissance sur un pied d'amitié ou, du moins, de tolérance.

Au bout de quelques jours, refaites les présentations, en entrouvrant la porte, suffisamment pour qu'ils se voient, mais sans se toucher. Quelques jours plus tard, mettez un écran ou une barrière de sécurité pour enfant devant la porte, pour qu'ils se voient mieux. Si tout se passe bien, mettez les deux chats dans la même pièce, mais l'un dans une cage, tandis que l'autre pourra évoluer librement. Puis permutez-les.

S'ils continuent à bien se tenir, vous pouvez commencer à leur permettre de circuler dans la maison ensemble. Après toute nouvelle crise éventuelle, revenez à l'étape précédente pour renforcer la réussite. Réunir Carmen et Moka peut prendre assez de temps, alors, soyez patiente dans vos efforts pour rétablir la paix. Dans les cas extrêmes, il sera peut-être nécessaire de consulter un vétérinaire pour qu'il prescrive temporairement des médicaments modificateurs de l'humeur, pour diminuer l'agressivité de l'un et la peur de l'autre.

Mon dernier conseil : résistez à la tentation de chouchouter Moka et de crier sur Carmen. Vous pourriez involontairement renforcer l'agressivité de l'un et la peur de l'autre.

Ma sonnette redoutée

Q Lulu, mon chat de deux ans, a toujours été froussard. Chaque fois qu'on sonne à la porte, il court se cacher. Je le trouve sous mon lit, et même sous mes couvertures. Quand j'essaye de le présenter à des amis, il se débat désespérément dans mes bras pour m'échapper. C'est ainsi qu'il m'a une fois écorché le bras. Pourquoi est-il si peureux et que puis je faire pour le calmer ?

R Pendant les quatre premières années de sa vie, ma chatte, Callie, faisait son numéro, c'est-à-dire disparaître chaque fois que des invités arrivaient. Certains de mes amis ne croyaient pas à son existence ! Comme Callie, Lulu a ce comportement en réaction à tout ce qui est nouveau dans son environnement, particulièrement les gens. Le fait que certains chatons d'une même portée sont craintifs tandis que les autres sont extravertis reste incompréhensible. Cependant certains comportementalistes animaliers ont identifié plusieurs raisons possibles.

▶ **Prédispositions génétiques.** Certains chats semblent nés avec la peur de tout ce qui est nouveau : gens, lieux et objets. Même s'ils sont traités avec douceur et vivent heureux durant leur vie de chaton, certains chats demeurent timides et réservés avec les étrangers.

▶ **Imitation du comportement de la reine.** Les chatons acquièrent des habitudes en imitant le comportement de leur mère entre quatre et huit semaines. Si la mère a peur des étrangers, les chatons en auront peur aussi. Selon les prédispositions génétiques, cette timidité initiale pourra disparaître avec la maturité et de bonnes expériences avec les étrangers.

▶ **Manque de socialisation.** Pour les chatons, la première socialisation avec les gens se place entre deux et sept semaines. Pendant cette période, il est important qu'ils soient chouchoutés agréablement par des personnes différentes. Les chatons sous-socialisés auront tendance à avoir peur des étrangers, et pourront cracher, donner des coups de patte et s'enfuir.

▶ **Expériences traumatiques.** Les chats de n'importe quel âge peuvent développer un syndrome de peur s'ils sont exposés à une situation traumatisante, par exemple s'ils sont maltraités, s'ils se perdent ou s'ils sont attaqués par un chien.

Plus vous offrirez à Lulu des expériences positives, mieux il s'adaptera dans le futur à des situations nouvelles. Tandis que vous travaillez à renforcer la confiace de Lulu, soyez patiente, et ne vous attendez pas à ce que votre chat froussard devienne extraverti du jour au lendemain. Concentrez-vous sur de petits progrès réguliers, mais soyez sûre que vous ne le transformerez jamais en un joyeux drille.

Puisque vous savez qu'il a peur des visiteurs, cherchez un couple d'amis, calme et amoureux des chats ; demandez-leur de venir vous voir et de s'asseoir tranquillement sans accorder la moindre attention à Lulu. Pour empêcher Lulu de s'enfuir, mettez-le dans une pièce dont vous pourrez fermer la porte pour l'empêcher de s'échapper ou de se cacher. Puis demandez à vos amis de vous rejoindre dans la pièce où se trouve Lulu, pour regarder un film ou écouter de la musique douce. Le but est que Lulu les voie et réalise qu'ils ne lui feront pas de mal.

Cherchez des occasions positives pour Lulu, en demandant à vos amis de lui offrir des friandises ; d'abord, un peu de savoureux pâté pour chat ou une friandise spéciale à poser à côté de lui sans rien demander en échange. Vous voulez réussir, et vous devrez donc prendre du temps pour le désensibiliser. Lulu finira par réaliser que ces personnes ne vont pas le poursuivre ou essayer de l'attraper sur leurs genoux. Il s'habituera peu à peu. Laissez-le décider s'il doit s'approcher de plus près, et arrêtez l'expérience s'il réagit craintivement.

Callie a été une chatte craintive ses quatre premières années. Mais je savais qu'elle ne résistait pas aux friandises. Je demandais à mes amis de laisser des friandises au pied de l'escalier et de s'éloigner, pour que Callie ait le courage de descendre les manger. Maintenant, elle accepte les friandises de leur main. Lulu ne deviendra sas doute jamais un chat de giron pour vos amis, mais ces conseils vous permettront peut-être d'adoucir ses craintes et de le faire se sentir plus à son aise dans votre foyer.

Le bouton « mute » de Bella

Personne n'aime la compagnie d'un chat bavard, surtout pas d'un chat qui se met à hurler au milieu de la nuit. Qualifiée de chatte causante dans ses meilleurs moments, Bella a augmenté le volume et s'est mise à glapir et gémir, surtout entre 1 heure et 7 heures du matin. Elle errait dans tout l'appartement, miaulant de toute la force de ses poumons dans chaque pièce. Quand Lori, la propriétaire de Bella, m'a contactée, elle en avait par-dessus la tête de sa calico de trois ans stérilisée, et n'aspirait qu'à une bonne nuit de sommeil.

Nous avons discuté Lori et moi des nombreuses causes d'hypervocalisation des félins : le désir d'attirer l'attention, la douleur, la faim, l'agression, l'anxiété, la peur et les problèmes médicaux. Un examen médical permit d'exclure une infection chronique des voies urinaires, l'hyperthyroïdie, et toute autre maladie invisible. En étudiant son histoire détaillée, je relevai certains indices pouvant correspondre à des causes comportementales. Bella, adoptée tout bébé dans un refuge, n'a jamais eu de problème avec l'autre chat de la maison. En fait, elle jouait avec lui et le toilettait régulièrement. Mais ses hypervocalisations ont commencé au moment où Lori s'est mise à travailler à plein-temps au dehors. Dans le cas de Bella, le besoin d'attention et/ou l'anxiété étaient les explications les plus probables de ce comportement.

Le bavardage insistant d'un chat s'adresse généralement à son propriétaire, pas à un autre chat. Les hurlements de Bella lui faisaient obtenir ce qu'elle désirait : l'attention de Lori. Chaque fois que Lori réagissait en grondant Bella, elle la récompensait ensuite par inadvertance, et renforçait ce comportement.

Pour calmer Bella, j'ai conseillé à Lori d'ignorer les vocalisations de sa chatte. Je l'ai avertie qu'au début, l'entêtement félin interviendrait, et qu'elle réagirait en vocalisant encore plus fort. Lori écouta mon conseil et ignora les miaulements pressants de Bella, jusqu'à ce qu'elle réalise que ses bruyantes vocalisations ne lui valaient aucune attention.

Pour répondre au besoin d'affection de Bella, je conseillai à Lori de prévoir une séance d'exercices et de jeux le soir avec elle, pour la fatiguer. Lori suivit aussi mon second

conseil : l'entraîner au claquement de langue et fournir à Bella une échelle à sa taille ou une caisse pleine de jouets lui permettant de bondir dessus, de les traquer, et de leur donner des coups de patte. Placer une mangeoire pour les oiseaux près d'une fenêtre procura à Bella l'endroit rêvé pour observer et se distraire pendant les longues heures d'absence de Lori.

Après la séance de jeu, Lori prit l'habitude de donner à Bella un pâté gastronomique juste avant l'heure du coucher. Cela, pour modifier son rythme sommeil éveil. Les chats qui ont fait de l'exercice, qui ont été mentalement stimulés et nourris juste avant de dormir, ont tendance à se montrer plus calmes pendant les longues heures de sommeil humain.

Pendant toute cette rééducation, Lori se montra réaliste, sachant qu'il ne fallait pas s'attendre à réussir du jour au lendemain. Elle a été persévérante et constante, et a finalement atteint son but : bien dormir et calmer son chat.

(Contribution d'Alice Moon-Fanelli, Comportementaliste animale certifiée.)

Signes de stress

→ Se toiletter à l'excès, au point de créer des plaques sans poils
→ Se cacher
→ Manifester davantage d'agressivité
→ Manger plus ou moins qu'habituellement
→ Négliger soudain sa litière et uriner dans la maison
→ Manifester sa dépression en ne réagissant à rien ou en dormant excessivement

Chats et enfants

Q Nous avons le projet d'adopter bientôt un chat. Nos enfants, âgés de sept et dix ans, nous harcèlent depuis quelque temps pour avoir un animal domestique, et ils nous ont promis de nous aider à prendre soin d'un chat. Ils ont des amis qui possèdent un chat et qui aiment jouer avec lui. Que conseillez-vous pour que les présentations se passent bien ?

R Grandir avec un chat ou tout autre animal familier ensoleille certainement une enfance. Mon premier chat, nommé Willy, arriva dans la famille quand j'avais huit ans. Willy adorait nager dans le lac de notre jardin avec nos deux chiens. Quatre décennies plus tard, j'ai toujours des souvenirs vivaces de cet ami félin.

Pour vous préparer à l'arrivée de ce nouvel ami, convoquez une réunion de famille pour discuter des avantages et des inconvénients d'adopter un chat ou un chaton. Pour les chatons, la lettre « j » signifie jeu, et la lettre « d » destruction. Pendant toute leur première année, ils explorent leur environnement avec un insouciant abandon. Ils grandissent vite, et votre mignon chaton câlin peut, à la maturité, se métamorphoser en un matou froid et distant. Si vous adoptez un chat adulte dans un refuge, vous aurez une meilleure idée de sa vraie personnalité, qu'il soit affectueux ou réservé. Recherchez un chat qui aime les foyers animés, avec la télévision ou la stéréo branchés trop fort, les enfants qui parcourent les couloirs en courant, et les gens qui vont et viennent. Evitez les chats timides qui pourraient se cacher ou avoir peur du tintamarre domestique.

Certaines races pures ont la réputation d'aimer les enfants. L'Abyssin en est un bon exemple. Les Abys adorent les foyers bruyants avec des enfants, et participent à la vie de la maison et sollicitent les calins.

Avant d'apporter votre nouvel ami à la maison, établissez un horaire des soins à lui donner et affichez-le sur le réfrigérateur ou un tableau d'affichage. Chaque membre de la famille doit avoir sa propre tâche qui peut être vérifiée : nettoyer la litière, renouveler l'eau du bol, nourrir le chat ou le brosser.

Éduquez vos enfants sur la meilleure façon d'interagir avec le chat. Par exemple, les chats n'aiment pas qu'on s'approche d'eux en courant et qu'on les serre dans les bras à les étouffer. Un nouveau chat n'aura peut-être pas beaucoup d'assurance au début, et vos enfants peuvent l'aider à se sentir chez lui en étant gentils et silencieux. Dites-leur de s'asseoir sans bouger et de laisser le chat s'approcher d'eux. Et quand il s'approchera, dites aux enfants de lui tendre leurs mains pour qu'il puisse les renifler et se frotter contre elles.

Prévenez vos enfants de ne pas déranger le chat quand il dort ou qu'il fait ses besoins. Il pourrait se sentir effarouché ou piégé, et réagir en les mordant ou griffant. Montrez-leur la bonne façon de tenir un chat, en plaçant une main ou un bras sous ses pattes antérieures et en soutenant les pattes postérieures de l'autre main ou bras. Dites-leur de respecter le chat, quand il se met à se tortiller pour être reposé par terre.

La plupart des chats ne tolèrent pas d'être déguisés ou trimballés dans une poussette de bébé, mais il y a toujours des exceptions. Si votre nouveau chat n'apprécie pas ce genre d'attention, vos enfants doivent savoir qu'il y a d'autres façons de jouer avec lui. Expliquez-leur qu'ils ne doivent jamais se livrer à des jeux brutaux avec un chat, ou l'encourager à leur donner des coups de patte ou à leur mordiller les doigts. À la place, qu'ils utilisent des jouets pour chats, genre canne à pêche, ou qu'ils leur lancent des souris jouets qui inviteront le chat à chasser et bondir.

Enfin, montrez-leur comment caresser un chat et comment peigner et brosser leur fourrure. Généralement, les chats préfèrent être caressés de la tête à la queue, et n'aiment pas qu'on leur tapote la tête. Passer doucement une main humide dans le sens du poil enlève les poils morts, et c'est un bon moyen de caresser et toiletter en même temps. Ces activités aideront vos enfants à renforcer l'amitié entre eux et leur nouveau copain.

Gérer un fringant Fido

Q Nos deux chattes de trois ans, Nanou et Lola, ont des personnalités très différentes. Nanou est extravertie, amicale et facile à vivre. Lola est timide, nerveuse et affectueuse avec nous, mais pas avec nos amis. Récemment, nous avons adopté un chiot labrador nommé Marley. Il a cinq mois et s'intéresse énormément aux chats. Il les observe tout le temps et les pourchasse. Nanou lui tient tête, lui donne un coup de patte sur le museau et il bat en retraite immédiatement. Mais Lola s'enfuit et se cache quand Marley approche. Comment puis-je apprendre à Lola à lui tenir la dragée haute et à riposter ?

R Les chats, comme les gens, ont des personnalités variées. À l'évidence, Nanou et Lola ont des attitudes différentes à l'égard de ce chiot joueur. Nanou rayonne d'assurance, et en fait, enseigne à Marley ce que chante Aretha Franklin : le r-e-s-p-e-c-t. Nanou lui enseigne également quelques bonnes manières à l'aide d'un peu d'amour vache. Coupez-lui tout de même les griffes régulièrement pour qu'elle ne blesse pas Marley par un coup de patte trop fort sur le museau.

Malheureusement, les actes de Lola contredisent ces leçons. Résultat : vous pourriez avoir un chiot en pleine confusion. Il manque à Lola le sens de Nanou, qui ne voit pas cette grosse bête comme une menace alors que Lola en a peur. Plutôt que de rester patte-à-patte avec lui, elle adopte la solution fuir-et-se-cacher et s'efforce de disparaître. Ce n'est pas dans la nature de Lola de se défendre et de riposter.

Le meilleur moment pour présenter les chats et les chiens les uns aux autres, c'est quand ils sont jeunes. Les deux ou trois premiers mois sont la première période de socialisation, moments clés pour que les chats et les chiens cultivent l'amitié. Mais il n'est pas trop tard pour développer les gracieusetés de Marley à l'égard des chats et donner de l'assurance à Lola.

Commençons par Marley. Les Labradors ont tendance à aimer le jeu et à vouloir plaire, et cela joue en votre faveur. Votre rôle consiste à enseigner à Marley deux ordres importants : couché et au pied, pour qu'il ne bouge pas quand Lola entre dans une pièce. Afin de réussir, attachez une longue laisse ou une corde à linge à son collier pour contrôler ses mouvements quand vous êtes à la maison. Tenez l'autre bout, ou attachez-le à un meuble lourd afin que les muscles d'un Labrador bondissant ne le fassent pas bouger. Quand vous n'êtes pas chez vous, gardez Marley dans une cage, ou dans un endroit séparé des chats.

Gardez une pochette de friandises à porté de la main. Quand Marley zieute Lola, détournez son attention en lui offrant une friandise, en lui disant tranquillement couché ou au pied. Ne criez pas, ce qui ne servirait qu'à l'exciter davantage et à effrayer Lola. Si Marley ignore ces ordres et la friandise, et se lance à la poursuite de Lola, mettez le pied sur la laisse ou la corde pour l'arrêter. Quad Marley aura montré de façon répétée qu'il ne pourchasse plus Lola, laissez-le circuler dans la maison, sa laisse traînant derrière lui. S'il se met à pourchasser Lola, mettez le pied sur la laisse.

Quant à Lola, assurez-vous qu'elle a la possibilité de s'éloigner sans stress. Ne mettez rien sous votre lit, et fournissez-lui un arbre à chat ou des étagères larges et solides où elle pourra se percher hors de portée de Marley. Si possible, installez des barrières bébé dans les portes entre les pièces où se trouvent les bols d'eau et de nourriture pour vos chats, et leur litière.

Laissez Lola courir à son refuge quand elle se sent menacée. Ne vous précipitez pas derrière elle et ne l'accablez pas d'attention et de douces paroles. Ces tactiques, loin de la rassurer, ne feraient que l'inquiéter davantage en lui donnant l'impression qu'elle devrait se méfier de ce gros chien. Restez cool et parlez avec assurance.

Ne les forcez jamais à rester tous les deux ensemble. Les chats se sentent le plus en sécurité quand ils ont les quatre pattes par terre. Contrôlez la situation et procédez doucement. Maintenez toujours votre contrôle sur Marley, et laissez Lola entrer et sortir librement d'une pièce.

Certains chiens et chats forment de solides amitiés. D'autres se tolèrent. Quand Lola se sentira en sécurité – et que Marley écoutera vos ordres – la vie devrait devenir moins effrayante pour Lola.

Harceler les visiteurs

Q Simon, mon chat, est un animal extraverti qui se pavane dans toute la maison comme s'il en était le maître. Bien qu'il soit castré et poli (du moins avec moi) ses réactions envers les visiteurs dépendent de la personne, de la longueur de son séjour et de la façon dont il est dérangé dans sa routine. Parfois, il est assez amical, et d'autres fois, franchement désagréable. Il a même été jusqu'à pisser dans la valise ouverte de mon oncle lors d'un long séjour. Mon autre chat, Garfunkel, traite tous les visiteurs de la même manière. Il s'enfuit, se cache, et s'efforce de ne pas être vu. Que puis-je faire pour adoucir les craintes de Garfunkel, et inspirer de meilleures manières à Simon à l'égard les visiteurs ?

R Avec des noms comme ça, dommage qu'il n'y ait pas d'harmonie avec vos visiteurs. L'un de vos problèmes, c'est que les chats ont terriblement besoin de leurs routines. Ils ont besoin d'une vie calme et choyée. En général, ils n'apprécient pas les surprises, comme l'arrivée d'une personne étrangère aux odeurs bizarres, qui peut grossièrement réquisitionner la chambre d'ami où ils ont l'habitude de faire leurs siestes de l'après-midi.

Trop de changements, rapides, sans préavis, peuvent provoquer stress aigu et désarroi.

Même les chats sociables comme Simon peuvent être contrariés ou au contraire stimulés par les visiteurs. La façon de réagir d'un chat dépend de nombreux facteurs : son âge, sa santé, sa personnalité, son tempérament, son style de vie ainsi que ses expériences précédentes avec des étrangers. Certains chats sont parfois assez énervés pour marquer leur territoire en urinant sur les affaires des visiteurs.

Une chose que vous pouvez faire pour que les visites se passent mieux, c'est de rappeler à vos invités la présence de vos amis à quatre pattes, et de les informer de leurs habitudes particulières. Par exemple, mon chat âgé de 19 ans, est partiellement aveugle, de sorte qu'il miaule beaucoup et se cogne parfois dans les murs. Mes chats aiment également dormir avec les invités, alors prévenez vos amis de fermer leur porte la nuit s'ils ne désirent pas leur compagnie. Je mentionne également quelques règles de mon cru concernant mes amis à fourrure.

→ Ne pas leur donner discrètement quelques restes des repas ou autres nourritures humaines.

→ Faire attention aux portes donnant sur l'extérieur – mes chats vivent exclusivement à l'intérieur.

→ Ne pas se précipiter vers eux – les laisser approcher les premiers.

Quant à Simon et Garfunkel, faites vos plans quelques jours à l'avance si possible, avant l'arrivée de vos invités. Transférez lentement leur litière de la chambre d'ami à un lieu où n'iront pas les invités, comme le placard de votre chambre, une buanderie ou une petite salle de bains.

Quand les invités arrivent, tâchez de maintenir le plus possible la routine habituelle. Ce qui signifie changer leur litière régulièrement, les nourrir aux heures et lieux habituels. Tous les jours, passez au moins quelques minutes à jouer avec vos chats et réservez du temps pour les câliner. Vous pouvez aussi masquer les sons bruyants et inhabituels (comme les ronflements sonores de votre oncle, ou les rires stridents de votre sœur) en mettant un disque de musique douce dans le refuge de vos chats. Ne forcez pas vos amis chats se montrer à vos visiteurs.

Pour les chats manifestant des signes de stress, vous pouvez adoucir leur anxiété avec un produit nommé Feliway. Ce produit imite les phéromones faciales produites par un chat et est diffusé dans toute la pièce à partir d'une prise de courant.

Si votre chat fait ses besoins mal à propos ou manifeste un comportement destructeur, sachez qu'il signale qu'il est extrêmement stressé et exprime le besoin de marquer son territoire. Ne le punissez pas, car cela ne ferait qu'accroître son stress.

Info chat

Certains personnages historiques célèbres sont connus pour avoir été des amoureux des chats, entre autres : Léonard de Vinci, Charles Dickens, Ernest Hemingway, Abraham Lincoln, Sir Winston Churchill, Sir Isaac Newton, et Florence Nightingale.

Pédale douce pour la drague

Q Mon chat, Casimir, a six ans, et je l'ai depuis sa plus tendre enfance. Il a tous les jouets imaginables, et je le chouchoute outrageusement. Il m'aime, mais il semble détester mon amoureux, Nicolas. Chaque fois que Nicolas vient chez moi, Casimir crache, grogne et siffle. Si Nicolas essaye de s'approcher de lui, Casimir crache et donne des coups de patte, ou il s'enfuit de la pièce. Cela pose des problèmes dans notre relation. Je n'abandonnerai jamais Casimir, mais Nicolas me plaît vraiment beaucoup. Pourquoi mon chat n'aime-t-il pas mon amoureux ? Que puis-je faire pour obtenir que Casimir tolère un temps soit peu Nicolas ?

R Bienvenue dans le nouveau monde de la drague, où un chat s'arroge le droit de surveiller votre vie amoureuse. Je me rappelle une astucieuse amie nommée Florence qui m'a beaucoup appris sur les sorties avec les garçons quand j'étais à l'université. Je louais alors le dernier étage de sa maison et j'y vivais avec le chat de mon enfance, Willy, qui avait douze ans à l'époque. Willy pouvait aller partout dans la maison, et Florence pouvait jauger mes petits amis à la façon dont ils traitaient Willy et la façon dont Willy réagissait à leur présence. Elle me disait : « Si un homme ne peut pas aimer un animal, il ne peut pas t'aimer non plus. » Elle avait raison.

Dans votre cas, Casimir se sent un peu menacé par ce nouveau venu qui accapare autant de votre temps et de votre attention. Il réagit de la seule façon qu'il connaisse – crachant, donnant des coups de patte et s'enfuyant dans une autre pièce. Vous ne dites pas comment votre amoureux réagit aux mauvais procédés de Casimir. S'il n'aime pas les chats, Casimir en a certainement conscience et réagit aux vibrations qu'il émet.

Mais si ce garçon veut faire ce qu'il faut pour que votre relation fonctionne, la meilleure stratégie est qu'il se rende populaire aux yeux de Casimir. Commencez par demander à Nicolas qu'il adopte une attitude amicale et nonchalante à l'égard de Casimir. En d'autres termes, il ne devrait pas faire trop d'efforts pour gagner l'affection de Casimir en lui imposant la sienne. Dites-lui de ne jamais regarder Casimir dans les yeux, ni de l'approcher directement, car les chats interprètent cela comme des menaces.

L'étape suivante sera de séduire Casimir avec de délicieuses friandises très aromatiques. Laissez votre amoureux être le seul à donner de super-friandises à Casimir, pour qu'il l'associe à quelque chose de positif.

Pour la troisième étape, dites à Nicolas d'apporter des jouets ou de jouer avec lui à l'un de ses jeux favoris, pendant que vous observerez en spectatrice ; ils ont besoin de développer une relation particulière à eux deux. Cela prendra du temps, mais la récompense pourrait en être la naissance d'une belle amitié entre eux.

Mon chat est-il sénile ?

Q Mon chat Sammy, qui a 17 ans, se traîne dans la maison en pleine nuit avec des miaulements lugubres. Parfois, il entre dans une pièce en plein jour et s'immobilise, l'air en pleine confusion. Il avait l'habitude de saluer ses visiteurs préférés d'un joyeux son chantant, mais maintenant, quand ils arrivent, il semble ne pas les reconnaître. Il aimait sauter sur mes genoux, mais maintenant, il faut que je me baisse pour le soulever. La maladie d'Alzheimer est très cruelle pour les humains ; les chats peuvent-ils en souffrir eux aussi ?

R Extérieurement, nos félins ont souvent l'air plus jeunes que leur âge. Mais, malheureusement, les chats ne sont pas épargnés par les dysfonctionnements cognitifs. C'est vrai, certains deviennent séniles dans leur grand âge.

Pour l'aîné de mes chats (qui a 19 ans et manifeste beaucoup des comportements dont vous parlez), je le fais examiner régulièrement par mon vétérinaire, et je vous conseille d'en faire autant pour Sammy, afin d'exclure toute possibilité de maladie ignorée. L'hyperthyroïdie, une maladie du foie ou des reins, et les infections urinaires sont des exemples de maladies qui peuvent provoquer hypervocalisation et confusion. Certains chats devenus sourds miaulent aussi très fort.

Il y a des chats qui commencent à manifester certains signes révélateurs de dysfonctionnement vers l'âge de 12 ans. Certains comportementalistes animaliers utilisent l'acronyme DISE (désorientation-interaction-sommeil-éducation) pour se référer à des symptômes et des signes communément associés à la sénilité chez les chats.

▶ D pour Désorientation. Les chats désorientés marchent souvent sans but, fixent les murs et restent « coincés » dans les coins, semblent perdus dans leur propre maison, ou perdent l'équilibre et tombent.

Info chat

Le cœur d'un chat bat environ deux fois plus vite que celui d'un humain, à peu près à 155 pulsations par minute.

▶ **I pour Interactions.** Les chats aux fonctions mentales diminuées manifestent souvent des changements dans leurs communications avec les humains. Ils accueillent moins souvent les gens à leur arrivée, et ne sautent plus sur les genoux, comme c'est le cas de Sammy.

▶ **S pour Sommeil.** Des chats qui autrefois dormaient toute la nuit se mettent à errer sans but dans la maison en vocalisant.

▶ **E pour Éducation.** Pour faire ses besoins, le chat néglige souvent ses bonnes habitudes, pas pour des raisons médicales ou parce qu'il est mécontent de sa litière, mais simplement parce qu'il oublie de s'en servir.

Pour diminuer les vocalises nocturnes de Sammy, essayez d'interrompre ses siestes fréquemment mais doucement en le réveillant durant la journée. Ou offrez-lui des morceaux de dinde, ou du lait sans lactose avant le coucher. Les deux contiennent du tryptophane, acide aminé qui possède des propriétés sédatives prouvées (ce qui explique pourquoi vous somnolez après un copieux dîner de fête). L'idée, c'est qu'il soit fatigué le soir. Certains vieux chats ronfleront toute la nuit si on leur fournit un couffin ou un tapis chauffant. Choisissez-en un qui chauffe peu et qui est déhoussable. Si ces conseils ne marchent pas, demandez à votre vétérinaire de lui prescrire un antihistaminique qui le rendra somnolant.

Essayez de vous en tenir à la routine de Sammy dans toute la mesure du possible. Ajoutez une litière dans différentes pièces de l'appartement et à tous les étages de la maison. Cela réduira les occasions de « rater » sa litière. Évitez les boîtes de litière à couvercle, car les vieux chats trouvent difficile d'y entrer. Réduisez aussi la hauteur des côtés car les pattes postérieures sont parfois devenues raides.

Chose plus importance : accablez Sammy d'amour. Passez beaucoup de temps à le câliner et à lui parler d'un ton rassurant. Jouissez au mieux du temps qui vous reste à passer avec votre merveille sans âge.

Savoir quand il faut dire au revoir

Q Les chats ne vivent pas aussi longtemps que nous, et ça, je le déteste. Dernièrement, mon vétérinaire a diagnostiqué une maladie du foie à Popi, mon dernier chat. Quand je l'ai adopté il y a 13 ans, c'était une petite boule de fourrure, courageux et fougueux. Au fil des ans, il est devenu un chat gentil et affectueux. Je travaille à établir un traitement avec mon vétérinaire, mais je sais que cette maladie évolue vite. Je m'inquiète pour Popi. Je ne veux pas qu'il souffre. Comment saurai-je s'il est temps de l'euthanasier ?

R Décider quand dire au revoir à un chat fidèle est certainement l'un des choix les plus difficiles de la vie. Quand un chat ou un autre animal de la famille a une maladie incurable, qu'il est grièvement blessé, ou que le coût d'un traitement dépasse vos moyens, l'euthanasie est sans doute la meilleure solution.

Je vous approuve de travailler en liaison étroite avec votre vétérinaire sur le traitement de Popi. Lors d'un de vos prochains rendez-vous, discutez des détails spécifiques d'une procédure d'euthanasie. Vous serez peut-être étonnée d'apprendre à quel point cette procédure est paisible et sans douleur.

Demandez à votre vétérinaire s'il accepte de faire des visites à domicile. Vous devrez décider si vous voulez que votre chat soit enterré ou incinéré. Pensez à votre propre situation, et décidez si vous préférez être seule après l'euthanasie ou si vous aimeriez avoir le soutien d'un ou d'une ami(e) proche.

Quant au bon moment, c'est un choix individuel. Laissez-vous guider par la qualité de vie de Popi. Vous saurez sans doute que le moment est venu en observant avec attention les signaux que Popi vous enverra. Il cessera peut-être de manger, sera incapable d'utiliser sa litière tout seul, cessera de se toiletter ou se mettra à dormir tout le temps. Surveillez aussi tout signe de souffrance ou d'inconfort qui pourrait être adouci par un médicament.

S'il vous plaît, gardez bien en tête ceci : « euthanasie signifie « mort douce ». Cette possibilité de mettre fin à la souffrance d'un animal de compagnie est bien le dernier cadeau que nous pouvons lui faire.

TROISIÈME PARTIE

Excentricités de chatons et félins comiques

Mon émission de télévision préférée, quand j'étais petite, c'était « *L'école des fans* » – animée par Jacques Martin. Il/L'animateur mettait à l'aise ses jeunes invités, et ils réagissaient à ses questions par des commentaires qui surprenaient et amusaient les téléspectateurs. À l'époque, je souhaitais qu'il y ait une émission semblable mettant en scène des chats et des chiens.

Après tout, beaucoup de blagues étranges et comiques survinrent pendant mon enfance grâce à nos deux chiens et à un chat très amusant. Si Nicky et Betty n'emballaient pas nos voisins avec leurs duos d'aboiements, ils haussaient les sourcils de perplexité en voyant notre chat Willy nager dans l'étang de notre jardin. Et il n'y avait pas que nos animaux. Un voisin possédait un Boston terrier obèse qui grognait au lieu d'aboyer, et il y avait un chat qui avait le chic pour surgir tous les matins dans un garage différent.

Regardez en face les faits et gestes félins. Les chats *font* les choses les plus dingues et ne fournissent pas d'explications. Ils peuvent vous laisser perplexe ou vous déconcerter, mais ils ne sont jamais ennuyeux. Dans ce chapitre, je vais vous aider « à penser en chat » pour que vous puissiez mieux comprendre et apprécier leur besoin de pétrir, l'attrait des robinets, l'enthousiasme pour l'herbe à chat, et bien d'autres choses attrayantes pour les félins.

Le chat qui veut attraper sa queue

Q **Domino, mon chat de huit ans à poil long semble avoir une sérieuse dispute avec sa queue. Il grogne et crache sur elle, la mord parfois, et de temps en temps tourne en rond autour d'elle. Il se toilette également avec tant d'excès qu'il a des plaques chauves dans sa fourrure. Si j'interviens et que je le prends dans mes bras, il s'agite, se contorsionne pour se libérer et s'enfuit dans une autre pièce. Avez-vous une idée sur ce qui peut provoquer ce comportement ? Que puis-je faire pour que Domino arrête de batailler avec sa queue et de s'arracher les poils ?**

R Courir après sa queue peut résulter de problèmes physiques entraînant souffrance ou inconfort, ou, plus rarement, ce peut être un problème comportemental (certes étrange). Dans les deux cas, c'est un problème exigeant une intervention professionnelle. Allez voir votre vétérinaire pour exclure toute possibilité de blessure à la queue, infection dans la région du sac anal, problème à la colonne vertébrale, ou maladie neurologique, avant de considérer cela comme un problème comportemental.

D'après ce que vous dites, Domino pourrait souffrir d'hyperesthésie féline. Cette maladie compliquée inclut certains comportements compulsifs et neurologiques. Typiquement, un chat affligé de cette affection aura les pupilles dilatées, la peau excessivement plissée, et se livrera à un toilettage frénétique provoquant des plaques chauves. Le chat cible souvent sa queue et ses flancs pour un toilettage excessif. Certains chats deviennent bruyants et agressifs, et peuvent paraître hallucinés en ayant l'air effrayé par leur queue, affichant un comportement excité et s'enfuyant de la pièce. Ces chats sont extrêmement sensibles au toucher quand ils éprouvent ces symptômes, et peuvent attaquer les personnes qui cherchent à les calmer.

Pour des raisons inconnues, les crises d'hyperesthésie féline ont tendance à survenir chez les chats plutôt le matin ou le soir. Un comportement agressif peut apparaître spontanément et sans raison particulière. Après une crise, le pauvre chat semblera en pleine confusion.

Au début, les propriétaires de chats considèrent ce comportement comme mignon ou amusant. Mais quand les crises commencent à se multiplier et à durer plus longtemps, elles deviennent une cause de véritable inquiétude. Travaillez avec votre vétérinaire, si possible comportementaliste pour localiser le problème qui a déclenché ce comportement chez Domino.

Amoureux des oreilles

Q J'ai eu Zouzou, mon chat de deux ans, à l'âge de sept semaines. Il est très affectueux, mais parfois il insiste pour me grimper dessus et me lécher le lobe de l'oreille. Il va jusqu'à me mettre les pattes autour du cou pour avoir une meilleure prise, puis il passe sa langue râpeuse sur mes oreilles – ça fait mal ! J'aime le câliner, mais je dois le repousser pour qu'il cesse de lécher. Pourquoi fait-il cela et que puis-je faire pour qu'il arrête ?

R Sept semaines, c'est bien jeune pour être séparé de sa mère, et il est possible que le comportement de Zouzou vienne du fait qu'il ait été sevré trop tôt. Quelle que soit la raison, Zouzou vous toilette. N'oubliez pas que le toilettage réciproque, également nommé allotoilettage, est un comportement normal entre amis félins. Peu importe si c'est de chat à chat, de chat à chien, ou, dans votre cas, de chat à humain. Zouzou vous adore au point d'adopter ce comportement désagréable. Ce fétichisme de l'oreille lui fournit peut-être aussi un exutoire à effet reposant.

Vous ne dites pas depuis quand vous l'avez laissé vous lécher les oreilles. Beaucoup d'habitudes félines indésirables sont contractées dans l'enfance. Et beaucoup de ces habitudes sont involontairement renforcées par les amoureux des chats qui, en les caressant, leur donnent le feu vert pour continuer. Dans l'esprit de Zouzou, si vous aimiez ça quand il le faisait chaton, pourquoi n'êtes-vous plus aussi fanatique de son toilettage, maintenant qu'il a atteint un bon poids d'adulte ?

Pour mettre fin à ce fétichisme de l'oreille, levez-vous et sortez de la pièce dès qu'il grimpe sur vos genoux, vous met les pattes autour du cou et s'apprête à vous lécher les oreilles. Ne lui criez pas dessus et ne le repoussez pas brutalement, simplement, mettez-le par terre et sortez. En vous en allant, vous ne lui accordez plus aucune attention, chose que Zouzou désire apparemment.

Maintenant, nous arrivons à la deuxième étape de notre plan. Attendez quelques minutes, puis revenez. Livrez-vous à n'importe quelle activité que vous aimez tous les deux, comme d'attraper une baguette emplumée ou une boule de papier froissé. Important : ne vous contentez pas de vous éloigner, mais donnez à Zouzou une alternative appropriée pour interagir avec vous. Après tout, vous ne voulez pas affaiblir ce lien merveilleux qu'il y a entre vous. Si Zouzou persiste, il faut alors se rabattre sur une autre tactique. Faites un bruit qu'il n'aime pas, comme taper bruyamment dans vos mains ou émettre un son sifflant. L'idée, c'est de perturber le comportement de Zouzou, mais pas de lui faire mal ou de l'effrayer.

Autre fétichisme : sucer de la laine

Q **Sake, mon chat siamois, se conduit, à bien des égards, comme un chien. Il rapporte les jouets, il se promène en laisse, et il vient quand on l'appelle. Pour merveilleux qu'il soit, il a une habitude que j'aimerais bien lui faire perdre. Il mâchonne et suce tous les objets en laine. Je trouve tout le temps mes socquettes de laine saturées de salive. C'est dégoûtant. Pourquoi est-il si obsédé par la laine ?**

R Sake me paraît beaucoup ressembler à mon premier chat, Willy, qui était aussi un Siamois. Quand j'étais au collège, ma grand-mère m'avait donné un magnifique cardigan gris foncé. Je l'adorais et je le portais souvent. Enfin, jusqu'au jour où, en rentrant à la maison, je trouvai Willy sur mon lit mâchouillant mon cardigan. Je le lui pris, et découvris un trou géant au milieu. Je criai sur Willy qui s'enfuit, la queue entre les pattes.

À l'époque, je ne savais pas que sucer la laine est assez courant chez certaines races, dont les Siamois et les métis de Siamois. En fait, les recherches vétérinaires ont découvert une forte prédisposition génétique à cet étrange fétichisme. Les experts nous expliquent que les Siamois représentent environ 50 % de la population féline suceuse de laine, bien qu'on ne sache pas pourquoi. La plupart des chats abandonnent ce comportement après leurs deux ans.

Ce comportement reste incompréhensible. En plus de la prédisposition génétique de certains chats, une théorie suggère que les chatons enlevés à leur mère avant six semaines sont attirés par la laine parce qu'ils n'étaient pas complètement sevrés. Ils recherchent les couvertures et vêtements en laine pour compenser leur courte période d'allaitement.

Dans le cas d'un accro à la laine confirmé, le meilleur traitement est la prévention. Vous devez faire un effort conscient pour cacher tous les objets en laine à la vue de Sake et les maintenir hors de portée de sa bouche. Rangez vos chaussettes et vos pulls dans des tiroirs, et les autres vêtements en laine dans des placards qui ferment bien. Pendant les mois d'hiver, assurez-vous que Sake ne peut pas atteindre les couvertures en laine de votre lit.

De plus, rendez moins désirables les objets de son désir, par exemple en pulvérisant du parfum sur vos vêtements en laine. Bien que ce soit tentant, ne punissez pas Sake – erreur que j'ai commise avec Corky quand j'avais quinze ans. Lui crier dessus ne fera qu'accroître son anxiété et son besoin de chercher le « fruit défendu ».

Info chat

Bien que chacun ait gouverné le monde, Jules César, Henri II, Charles XI et Napoléon avaient peur des chats.

Consultez votre vétérinaire au sujet du régime de Sake. Certains félins suceurs de laine se trouvent mieux d'un régime sec riche en fibres. Enfin, donnez à Sake quelques « titilleurs de cervelle », tels que l'obligation de chasser pour trouver sa nourriture en la mettant sous forme de boulettes ou en la dispersant dans toute la pièce. Fournissez-lui beaucoup de jouets attirants dans diverses pièces. Le but est d'accroître son activité et de prolonger ses repas pour le distraire d'autres occupations.

Le chat préfère la cuisine en plastique

Q Je nourris deux fois par jour mon chaton de dix mois, Fuseau, mais dernièrement, je l'ai surpris en train de mâchouiller un fil électrique en plastique dans ma chambre à coucher. J'ai découvert cette habitude en voulant allumer une lampe. Je pensais que l'ampoule avait grillé jusqu'au moment où j'ai vu que le fil était coupé en deux. J'ai entendu parler de chats mangeant des choses bizarres, comme des mouchoirs en papier ou des journaux, mais qu'est-ce qui peut l'attirer dans des fils en plastique ? Que puis-je faire pour l'en empêcher ? Je ne voudrais pas qu'il s'électrocute ou qu'il provoque un incendie.

R Bien que beaucoup d'animaux mangent des produits non alimentaires (habitude nommée pica/troubles du comportement alimentaire) parce qu'ils ont des carences, il est probable que Fuseau mastique les fils en plastique parce qu'il s'ennuie. Il a besoin d'attention et d'activités stimulantes pour remplir sa journée. Assurez-vous qu'il a des jouets pour se distraire, un perchoir proche d'une fenêtre pour regarder dehors, et beaucoup d'échanges avec vous.

Pensez à avoir un ou deux pots d'herbe à l'intérieur, pour satisfaire son besoin de grignoter.

Vous avez raison de vous inquiéter d'éventuels incendies ou blessure. Heureusement, il existe des produits « protecteurs de chat » efficaces pour les fils en plastique. De plus, ils sont faciles à installer. Ces couvertures de fils sont vendues dans les magasins spécialisés et sur catalogue. Vous pouvez aussi pulvériser un produit répulsif sur ces couvertures de fil afin de leur donner un mauvais goût.

Tout éclabousser

Q Je jurerais que ma chatte a du sang de raton laveur ! Chloé s'obstine à tremper ses pattes dans son bol d'eau. Parfois, elle éclabousse alentour sans boire une goutte. Au moment des repas, elle salit le sol de la cuisine en sortant de la nourriture de son bol avec sa patte. Elle ne mange pas toujours ces morceaux dispersés par terre, et je dois toujours tout nettoyer. Puis-je changer son comportement ?

R Malgré leur réputation de n'aimer que la terre ferme, beaucoup de chats aiment l'eau. Certains, comme Chloé, aiment jouer avec de l'eau tranquille, alors que d'autres sont fascinés par l'eau courante et préfèrent boire à un robinet. Il existe beaucoup de théories et de légendes urbaines concernant ce comportement, mais personne ne sait rien avec certitude. Cette attirance pour l'eau courante est peut-être un comportement qui vient d'un passé sauvage. Peut-être parce que l'eau courante est moins contaminée que l'eau stagnante, beaucoup d'animaux préfèrent boire dans un cours d'eau que dans un étang.

Il est possible également qu'en projetant des gerbes d'eau avec sa patte, Chloé veuille s'assurer qu'elle est sans danger. Les coussinets des pattes sont parmi les aires les plus sensibles d'un corps de chat. Chloé « ramassant » l'eau avec sa patte veut peut-être vérifier qu'elle ne présente pas de « dangers », ou vérifier sa température. La vision longue distance des chats est excellente, et ils voient facilement tout ce qui bouge, mais leur vision de près laisse à désirer. Ils s'en remettent à leur nez pour goûter la nourriture, et à leurs pattes pour tester l'eau. Et peut-être s'amuse-t-elle à la vue des mini-ondulations que crée sa patte à la surface du bol. S'il vous plaît, renouvelez l'eau de Chloé tous les jours, même si elle renverse tout. Disposez pour elle plus d'un bol dans la maison. Si vous ne voyez pas d'inconvénient à ce qu'elle se perche sur le rebord d'un lavabo, laissez quelques centimètres d'eau au fond pour qu'elle puisse jouer dans la journée. Vous pouvez aussi installer un appareil bon marché qui distribue automatiquement de l'eau en continu. Beaucoup de chats trouvent cela irrésistible. On en trouve facilement dans les magasins spécialisés et sur catalogue.

Autre idée : prenez un bidon de plastique et découpez un trou d'environ cinq centimètres dans le bas, juste assez grand pour qu'elle puisse passer la tête (n'oubliez pas la place pour ses moustaches), pour qu'elle puisse boire, mais sans tout asperger autour d'elle. Si elle pousse le bidon dans toute la pièce, vous pouvez l'attacher à un mur. Quant à ses habitudes alimentaires, assurez-vous d'abord qu'elle n'a pas de problème dentaire. Certains chats qui ont de mauvaises dents ou des gencives enflammées, ont du mal à mastiquer et avaler. Assurez-vous que les dents et les gencives de Chloé sont en bon état. Si c'est le cas, permettez-moi de vous faire quelques suggestions.

Votre chat en a peut-être assez d'avoir la même pâtée tous les jours. Vous pouvez chauffer un peu les nourritures sèches pour en faire ressortir les arômes, ou transformer le repas en une petite aventure. Comme vous, j'ai eu un chat qui prenait grand plaisir à projeter sa nourriture autour de lui. J'ai placé ses croquettes en petits tas dans la cuisine et la salle à manger, pour que Sam les cherche et les trouve avant de les consommer. Cela l'amusait et il semblait satisfait de cet arrangement. Essayez cela avec Chloé, et complimentez-la quand elle trouve sa « proie ». Ainsi, elle aura davantage tendance à chasser pour trouver sa pitance, et moins tendance à la lancer tous azimuts. Une boule percée de trous contenant de la nourriture pourrait peut-être aussi régler le problème.

Pour limiter les dégâts, oubliez le set de table. Optez plutôt pour une planche à égoutter, avec un rebord pour empêcher la nourriture de se répandre sur le carrelage. Ou recouvrez l'endroit du repas d'une nappe en plastique que vous pourrez facilement secouer dehors et nettoyer d'un coup d'éponge. Puis pliez-la et rangez-la jusqu'au repas suivant.

Finalement, faites attention au plat de service ! Certains chats ont des préférences affirmées. Il y en a qui aiment mieux la céramique ou l'acier que le plastique, qui peut donner un goût ou émettre une odeur. Certains aiment les bols à ouverture assez large pour que leurs moustaches n'en touchent pas les bords quand ils mangent. Essayez de servir Chloé dans un bol de céramique à large ouverture si vous utilisez actuellement un bol en plastique. Cela la transformera peut-être en une convive bien élevée.

Conseil à propos de la boisson des chats

Les fontaines automatiques pour animaux de compagnie comportent généralement un filtre en charbon de bois pour que l'eau reste fraîche et pour absorber les odeurs. Le son de l'eau courante attire certains chats. Quelle que soit la façon dont vous la servez, l'eau est indispensable à la santé de votre chat. Assurez-vous qu'il a toujours beaucoup d'eau propre à sa disposition.

Baver de bonheur

Q J'appelle parfois mon foyer « la maison des Baveurs ». Non seulement j'ai Balthus, le bouledogue, mais aussi un chat qui se met à baver quand je le caresse beaucoup. Bogart est un tigré que j'ai adopté il y a un an au refuge local, où il avait fait son apparition en chat perdu à la recherche de nourriture. Nous pensons qu'il a environ trois ans. Il bave tellement que je garde toujours un gant de toilette à portée de la main pour lui essuyer la bouche quand il se couche sur mes genoux et ronronne. Pourquoi bave-t-il ?

R Nous savons que les chats ronronnent quand ils sont contents mais certains félins bavent quand ils sont détendus et heureux. Pourquoi ils bavent reste l'un de ces faits mystérieux de la vie féline. Comme les célèbres chiens de Pavlov qui bavaient quand ils entendaient la cloche du dîner, Bogart a été conditionné à baver en recevant certaines preuves d'affection. Dans son cas, c'est quand il est sur vos genoux et se régale de vos caresses. Estimez-vous heureuse que Bogart vous considère comme une alliée de confiance, quelqu'un qui le laisse être lui-même – bave dégoulinante et tout.

Etre stimulé sur certaines parties du corps déclenche peut-être cette réaction salivaire. Très probablement, il bave quand vous caressez la tête, le menton et le cou. Faites l'expérience de caresser ces endroits la prochaine fois qu'il sautera sur vos genoux. Voyez s'il se met à baver, et pendant combien de temps. La fois suivante, limitez vos caresses à son dos. Parlez-lui doucement. Vous découvrirez peut-être qu'il bave moins quand vous caressez une région moins sensible. Vous avez raison de garder un gant de toilette à portée de la main pour lui essuyer le menton afin qu'il ne bave pas sur vos genoux ou sur votre fauteuil – c'est un comportement difficile à corriger. Toutefois, dans certains cas, baver est le révélateur d'une maladie, alors parlez-en à votre vétérinaire.

Commandos de comptoir

Q Le soir en rentrant chez moi, je dois toujours faire descendre de mes comptoirs de cuisine Sel et Poivre, mes deux Persans. Je déteste l'idée de leurs pattes pleines de litière arpentant le plan de travail où je prépare les repas. C'est embarrassant quand des invités voient mes chats sauter dessus. Ce sont des chats géniaux à bien des égards, mais comment leur faire perdre cette habitude dégoûtante ?

R Sel et Poivre sont à leur place dans la cuisine, oui sur votre étagère à épices et non sur votre plan de travail. Beaucoup d'amoureux des chats sont contrariés par ce surfing félin sur les tables. Je conviens qu'il n'est pas appétissant de penser à leurs pattes sales arpentant les surfaces alimentaires. De plus, ce peut être assez dangereux. Un chat curieux peut sauter sur une plaque chauffée au rouge ou tomber sur un couteau tranchant.

Pour éloigner vos félins de ces endroits, il faut d'abord comprendre pourquoi ils sautent dessus. Mettez-vous dans la tête d'un chat. Un comptoir, c'est haut. Les chats adorent tout surveiller à partir d'un perchoir sûr et élevé. Et les comptoirs de cuisine ont un avantage supplémentaire : ils sentent bon. Même après un récurage sérieux, les comptoirs sentent toujours le poulet grillé, le thon en sauce ou le bifteck poêlé, pour les chats en maraude qui espèrent toujours trouver quelques restes ayant échappé à votre éponge.

Ce surfing de comptoir peut être redirigé vers des endroits verticaux de la maison. Pour y parvenir, vous devez rendre les comptoirs de la cuisine et la table de la salle à manger moins attrayants. Cela suppose que vous « redécoriez » temporairement ces endroits pour les rendre moins attirants pour votre duo félin.

Commencez par poser du papier collant sur deux côtés au bord de vos comptoirs et de votre table. Les chats ont horreur de sentir quelque chose de collant sous leurs pattes. Une bonne façon de procéder sans avoir à enlever le collant quand vous voulez cuisiner ou manger, c'est de coller ce scotch sur des sets de table que vous disposerez sur les comptoirs.

Au milieu du comptoir, posez quelques feuilles de cuisson, (du genre avec rebord), remplies d'eau. Un chat qui a sauté par-dessus le collant y atterrira dans une gerbe de gouttelettes et filera sans demander son reste. Le collant et les plats peu profonds ne se voient pas du sol, ce qui ajoute un élément de surprise. Une troisième tactique est d'utiliser des produits nettoyants parfumés au citron, odeur que les chats détestent.

Vous pouvez aussi jouer la carte high-tech, mais alors il faut sortir le porte-monnaie. Il existe sur le marché plusieurs alarmes destinées à dissuader les chats de sauter sur les comptoirs. Quand un chat saute sur un comptoir, une alarme se déclenche et des petits jets d'air comprimé sans danger entrent en action. Cela devrait suffire à le dissuader d'aller là où on ne veut pas de lui !

Il est tout aussi important d'offrir à vos chats un perchoir d'où ils peuvent tout surveiller de haut. S'ils trouvent un endroit acceptable pour vous dans une bibliothèque ou sur un manteau de cheminée, gardez-le libre pour eux.

Je conseille d'installer un solide arbre à chat ou un arbre à grimper dans un endroit très fréquenté de votre maison, comme un coin du séjour d'où les chats pourront surveiller toutes les activités à partir d'un perchoir élevé. Ou encore, placez l'un de ces arbres près d'une fenêtre, pour que vos chats regardent ce qui se passe dans votre voisinage. Encouragez vos chats à utiliser ces arbres en y répandant de l'herbe à chat, et en y laissant des friandises à découvrir quand vous n'êtes pas là. Récompensez-les par des friandises spéciales quand vous les trouvez perchés sur ces arbres.

Info chat

Un chat peut sauter sept fois sa taille.

Musique préférée des félins

Q Mon chat est extrêmement craintif et semble paniquer au moindre changement de routine. J'ai lu qu'un certain genre de musique peut avoir un effet apaisant sur eux. Est-ce vrai ? Si oui, quel type de musique est le plus efficace ?

R Si vous cherchez un moyen de calmer votre chat, la réponse se trouve peut-être dans la thérapie par la harpe. L'expérience prouve que la thérapie musicale apporte apaisement et plaisir aux gens, surtout ceux atteints d'un cancer ou au stade terminal d'une longue maladie. La musique peut diminuer la souffrance, l'anxiété, et constituer une puissante distraction pour les patients. La même chose semble être vraie pour nos animaux.

Sue Raimond, violoniste concertiste et compositrice, est considérée comme la pionnière de la thérapie par la harpe pour les animaux. Experte dans le domaine de la cytocymatique et de la vibroacoustique, elle est maître de conférence spécialisée dans la gestion de la souffrance à l'Université de Californie à San Diego. Elle a testé les effets de la harpe sur des loups, des chiens, des chats, des chèvres, des moutons, des ânes et des gorilles, et a publié plusieurs articles sur ses recherches.

Sa thérapie par la harpe a suscité l'intérêt de célèbres vétérinaires et comportementalistes animaliers qui voient dans la musique un outil supplémentaire pour modifier les comportements indésirables parfois provoqués par le stress dans un contexte familial. Des écoles vétérinaires, telles que la Cummings Schooll of Veterinary Medecine – Ecole Cummings de Médecine Vétérinaire – de Tufts University, et UC-Davis en Californie, recommandent son CD pour les animaux souffrant de l'angoisse de séparation.

Le Dr Patrick Melese, vétérinaire et comportementaliste animalier diplômé de San Diego, recommande de jouer de la harpe aux animaux extrêmement anxieux, ayant constaté que cette musique aide certains chats et chiens anxieux à se calmer, se détendre, et éventuellement à dormir. D'autres experts tombent d'accord, et ajoutent que la musique classique semble apaiser le fauve tapis dans votre tigré. Les effets de cette thérapie sont : moins de pulsations cardiaques, moins de tension artérielle, une respiration plus lente, un niveau d'endorphines élevé et moins d'hormones de stress. On estime qu'écouter de la musique diminue le stress et l'angoisse chez les animaux qui sont dans l'attente d'une opération chirurgicale, et facilite leur rétablissement.

Alors, comment agit la thérapie par la harpe ? Sue Raimond explique que les cordes pincées produisent des harmoniques – dont certains inaudibles pour l'oreille humaine – comme un sifflet à ultrasons pour chiens. Le son produit des harmoniques harmonieux semble agir au niveau cellulaire en diminuant la pression sanguine et en réduisant le stress, bien que des recherches scientifiques doivent encore le prouver. Si vous pensez que cela a un petit côté New Age, vous ne tombez pas loin. Mais ces travaux doivent être pris en compte compte tenu du fait que des chercheurs étudient le pouvoir guérisseur de la musique chez les êtres humains.

Chaque fois que Sue Raimond doit transporter ses chats chez le vétérinaire, elle met un CD de harpe pendant le trajet de 20 minutes. Elle dit que ses chats miaulent si elle ne met pas de musique, mais qu'ils se taisent lorsqu'ils l'entendent. Elle dit aussi que, pour que la musique ait un effet, le chat doit l'entendre pendant au moins trois minutes. À ce stade, la plupart des chats commencent à se calmer, dit-elle. En 10 ou 20 minutes, la plupart des chats s'allongent en posture de repos, certains dormant même profondément. N'importe qui peut interpréter cela comme de la musique douce !

Il existe en France des CD pour chats (voir Adresses et sites utiles).

Beauté au bain

Q Chaque fois que je prends un bain moussant, mon chat accourt à la salle de bains dès qu'il entend couler l'eau. Il se perche alors sur le rebord de la baignoire pendant que je me baigne. Une fois, il a glissé et est tombé dedans ! Même couvert de mousse, il ne s'est pas découragé et est revenu le lendemain. Qu'est-ce qui lui plaît tant dans le bain ?

R Comme je l'ai expliqué p. 110, dans Tout éclabousser, beaucoup de chats sont fascinés par l'eau courante, que la source en soit une baignoire, un évier ou une douche. Certains chats vont même jusqu'à s'asseoir sur le rebord d'une baignoire pendant que coule la douche. Mais un bain moussant est quelque chose de spécial. Réfléchissez – quand vous êtes dans la baignoire, vous êtes généralement détendue, silencieuse et presque immobile, attitude particulièrement appréciée par les chats. Et la mousse est une texture fascinante pour y donner des coups de patte.

Jouissez de ces moments paisibles avec votre chat. Il n'y a pas d'inconvénient à ce qu'il soit avec vous, et votre ami félin n'ira pas colporter des ragots sur le physique que vous avez en « costume d'Ève ». Je vous conseille d'appeler votre chat avant d'ouvrir le robinet. De cette façon, vous renforcez l'ordre « viens » dans un cadre accueillant. Puis laissez la mousse flotter et appréciez sa compagnie pendant que vous prenez votre bain.

L'assistant importun du Père Noël

Q Tous les ans, quand nous installons notre arbre de Noël, notre chat Léo décide de tester ses dons de grimpeur. Tous les matins, je trouve les décorations par terre – certaines cassées. Une fois il a sauté sur l'arbre avec tant de force qu'il l'a renversé. Que puis-je faire pour empêcher Léo de s'acharner sur notre sapin au moment des fêtes ?

R Noël semble exciter la malice de nos chats, dont la chanson favorite paraît être « Casse les boules avec tes pattes folles ». Bien des chats sont curieux des nouveaux objets qui apparaissent sur leur territoire, surtout des objets aussi intéressants que de vrais arbres. Sans doute Léo aime-t-il autant que vous cette fraîche odeur de pin. Pour lui, ce parfum est un merveilleux cadeau préliminaire : l'odeur de l'extérieur.

Une autre tentation est constituée par toutes ces boules et guirlandes clignotantes et scintillantes. Beaucoup de chats aiment ce qui brille. Léo a découvert qu'un léger coup de patte fait bouger ces objets, et qu'un autre coup de patte les transforme en jouets amusants qui glissent sur le sol.

La troisième attraction peut être ce qu'il y a sous l'arbre. Si des jouets, herbes à chat et des friandises, sous forme de paquets cadeaux, sont placés au pied de l'arbre quelques jours avant l'arrivée du Père Noël, Léo, lui, ne sait pas qu'il doit attendre le 25 décembre. Pour mettre ces présents au pied de l'arbre, attendez que vous et votre famille soyez prêts à ouvrir les vôtres.

Vous trouverez ci-après quelques suggestions pour rendre votre arbre moins attirant, et moins dangereux, pour Léo.

→ Posez un crochet dans votre plafond ou en haut de la fenêtre la plus proche de l'arbre et, à l'aide de fil de pêche attachez l'arbre de façon qu'il ne puisse plus bouger. Deux crochets seraient encore mieux !

→ Disposez vos décorations les plus précieuses et celles fragiles dans les branches supérieures de l'arbre, ou exposez-les ailleurs que dans le sapin, par exemple sur le manteau d'une cheminée ou dans une bibliothèque. Dans la mesure du possible, utilisez des accessoires incassables.

→ Placez des jouets pour chat incassables par terre près du sapin, pour distraire l'attention de votre chaton curieux.

→ Placez des peaux d'orange et de pamplemousse sous l'arbre. Les chats n'aiment pas l'odeur des agrumes.

→ Pensez à garder Léo dans une autre pièce pourvue de toutes les aménités félines, pour prévenir les dégâts quand vous vous absentez ou que vous dormez.

→ Les chats adorent mordiller et jouer avec tout ce qui brille, mais ils peuvent se rendre malades s'ils avalent ces objets. Mieux vaut donc que vous les supprimiez carrément, ou que vous les disposiez dans les plus hautes branches.

→ Couvrez le support de l'arbre d'un tissu ou d'une nappe de couleur vive pour que votre chat ne puisse pas boire dans la réserve d'eau. Cette eau pourrait le rendre malade.

L'appel du rideau

Q Nous vivons dans une vieille maison héritée de ma grand-mère. Nous aimons nos vieux meubles et les merveilleux doubles rideaux qui ornent la grande verrière du séjour. Mais mon chat, Titan, s'obstine à grimper aux rideaux. Quand je lui crie dessus pour qu'il descende, il obéit, mais je ne peux pas le surveiller tout le temps. Malheureusement, les rideaux affichent des traces de griffes. Que puis-je faire pour sauver mes rideaux ?

R Les chats sont des grimpeurs nés qui ressentent le besoin de se poster en hauteur. Vos chers rideaux d'époque sont l'équivalent des murs d'escalade qui attirent les athlètes tous les week-ends. Voici quelques suggestions :

→ Vous pouvez piéger les rideaux en suspendant des boîtes de soda en aluminium à la tringle. Glissez quelques pièces dans chacune d'elles pour accroître le bruit. Le bruit de ces boîtes s'écrasant par terre devrait faire sursauter votre grimpeur et le convaincre qu'il est trop dangereux de poursuivre l'aventure.

→ Vous pouvez aussi remplacer temporairement les doubles rideaux par un voilage ou une légère couverture. Quand Titan essaiera de les escalader, il ne trouvera pas une bonne prise, et le voilage ou la couverture tombera par terre, décourageant notre explorateur. De même que vous pouvez replier temporairement la moitié inférieure des rideaux sur la tringle. Ou vous pouvez pulvériser sur leur tiers inférieur une odeur d'agrume ou toute autre odeur dissuasive pour les chats.

→ Ces tactiques temporaires ont pour but de faire comprendre à Titan que les doubles rideaux ne sont ni attrayants ni sans danger. Quand ce sera fait, vous pourrez reposer les rideaux qui vous plaisent.

→ À l'évidence, Titan a besoin d'un exutoire convenable pour exhiber ses talents de grimpeur. Découragez-le d'escalader vos rideaux et procurez-lui un arbre à chat recouvert de moquette. Si vous avez des colonnettes allant du sol au plafond, vous pourriez peut-être en entourer une d'une corde en sisal. Puis applaudissez Titan quand il se livrera à d'étonnants exploits de gymnastique féline. Si vous avez la place, vous pouvez installer dans un coin une longue bûche ou une grosse branche pour qu'il y grimpe. Vous pouvez aussi suspendre un hamac en ficelle dont un bout serait attaché en haut d'un mur, et l'autre par terre. Si c'est la vue qui l'attire, essayez de lui fournir, près d'une fenêtre, une plateforme où il pourra se percher.

→ En dernier ressort, vous pouvez remplacer ces rideaux par des stores. Dans les foyers où il y a un chat, les stores à lamelles verticales sont plus recommandés que ceux à lamelles horizontales. Ils sont beaucoup plus difficiles à escalader, même pour les chats les plus agiles.

La terreur du papier

Q Heureusement que le papier toilette et autres torchons et mouchoirs en papier ne sont pas chers. Notre chatte Abyssin, Kitty, semble beaucoup s'amuser à dérouler le papier toilette et à sortir les mouchoirs de leur boîte pour les réduire en charpie. Nous nous efforçons de nous souvenir de fermer la porte de la salle de bains quand nous sortons, mais Kitty saute sur toutes les occasions de détruire nos produits en papier. Avez-vous des explications et des suggestions ?

R Les Abyssins sont l'incarnation du mot « actif ». Ils détestent s'ennuyer et se créent leurs propres distractions s'il le faut. Il faut à Kitty davantage de jeux stimulants pour capter son attention et son énergie. Permettez-moi de vous proposer quelques remèdes pour vous aider quand vous oubliez de fermer la porte de la salle de bain.

→ Mettez la boîte de mouchoirs à l'envers quand vous ne vous en servez pas, de sorte que Kitty aura beaucoup plus de mal à en sortir quelques-uns pour les déchirer.

→ Intallez un porte-papier couvrant le dessus du rouleau, et empêchant ses pattes d'accrocher la dernière feuille et de dérouler tout le rouleau.

→ Pulvérisez une odeur désagréable sur une feuille et placez-la sur le dessus de la boîte ou du rouleau pour décourager votre joueuse amie.

→ Piégez le rouleau en posant dessus une petite tasse d'eau. Essayez la moitié d'une tasse doseuse. Etre arrosé d'eau découragera même le destructeur de papier le plus déterminé.

Pourquoi Philibert est devenu cinglé

La propriétaire d'un chaton de 16 semaines est arrivée un jour à ma clinique totalement déboussolée. Son chaton, autrefois adorable et joueur, regardait maintenant dans le vide comme un zombie, ou crachait et grondait comme s'il était possédé par le diable. Dès le début de l'examen, il devint évident que quelque chose n'allait pas. Pour commencer, il était beaucoup trop maigre.

« Il n'a pas beaucoup grandi depuis que nous l'avons, quoiqu'il mange normalement, » dit sa propriétaire. Philibert restait amorphe dans la salle d'examen, ne manifestant aucun intérêt pour chasser une clochette au bout d'une ficelle. Pour un chaton normal, c'était du jamais vu.

On procéda à une numération globulaire, à une analyse du sérum et des urines. La numération globulaire révéla une microcystite – cellules plus petites que des hématies normales. L'analyse du sérum révéla une élévation du taux de plusieurs enzymes du foie. Ces résultats faisaient penser à une maladie de foie congénitale. Un test sanguin de plus, appelé test d'acidité de la bile, fut nécessaire pour confirmer ces diagnostics. Comme je le soupçonnais, le test d'acidité de la bile montra que le chaton souffrait de shunt porto systémique (SPS).

Le SPS est un défaut anatomique dans lequel la plus grande partie du sang de l'intestin évite le foie ou le contourne. Le foie est dans l'impossibilité de purifier le sang de ses toxines, qui passent ainsi dans la circulation générale, où elles provoquent divers problèmes. Certains signes sont physiques : bave, tremblements, croissance freinée, pupilles dilatées, vomissements, diarrhées, besoin excessif de boire et d'uriner. Souvent, les chats manifestent également des signes comportementaux, tels que léthargie, stupeur, regards dans le vide, agressivité. Nous appelons cela encéphalopathie hépatique, ce qui correspond en gros à une dégénérescence mentale provoquée par une maladie de foie.

Un examen abdominal par échographie révéla un shunt « extrahépatique », c'est-à-dire un unique vaisseau sanguin détournant du sang de l'intestin et contournant le foie, ce qui nécessite une chirurgie compliquée.

Après sa sortie de clinique, les propriétaires de Philibert retrouvèrent rapidement sa vraie personnalité, affectueuse et courageuse. Six semaines plus tard, on m'apporta Philibert pour le castrer, et j'assistai moi-même à la transformation. Sa curiosité et ses gigotements rendaient impossible l'examen cardiaque. Quand je parvins enfin à l'immobiliser le temps de poser le stéthoscope sur sa poitrine, il était toujours impossible d'entendre son cœur parce qu'il ronronnait trop fort !

Le cas de Philibert est un exemple classique de la façon dont un désordre comportemental (encéphalopathie hépatique) peut être la conséquence d'une maladie anatomique (shunt porto systémique).

(Contribution d'Arnold Plotnick, docteur vétérinaire)

Un oiseau mort sur mon lit !

Q Ma chatte, Lucy, utilise la porte du chien pour aller dans notre jardin clos. Nous y avons une mangeoire pour les oiseaux, et de temps en temps, je trouve un oiseau mort sur mon oreiller. Je manque de m'évanouir à cette vue. J'ai envie de gronder Lucy, mais elle me regarde avec tant de fierté ! Lucy a environ huit ans, mais elle est en aussi bonne santé qu'un chaton. Pourquoi fait-elle cela ?

R Les chats ont bien des façons de nous montrer qu'ils nous aiment et qu'ils sont de bons chasseurs. Ma Callie m'a offert un jour un énorme rat mort – comme vous, j'ai failli m'évanouir. Que ces « cadeaux » soient des oiseaux, des rats morts, ou des crickets, nos chats manifestent ainsi leurs instincts de chasseurs. Leur bol de nourriture peut bien être plein, mais nos chats domestiques ne chassent pas par faim.

Certains chats rapportent leur proie à la maison dans l'intention d'en faire une collation plus tard, mais la plupart laissent le petit cadavre traîner dans la maison. Les experts en comportement félin émettent l'hypothèse que les chats nous apportent ces « cadeaux » pour nous dresser. Peut-être ont-ils réalisé que nous sommes de piètres chasseurs. Ou peut-être agissent-ils ainsi parce qu'ils désirent notre approbation. Ils ne peuvent pas sortir nous acheter de coûteux cadeaux avec une carte bancaire, alors ils chassent et nous offrent ce qu'ils considèrent comme des présents de valeur.

En tout cas, vous ne pouvez pas supprimer le besoin de chasser de Lucy. C'est imprimé dans son cerveau. À la place, aidez ces proies à se sauver en attachant une clochette au cou de Lucy. Si votre chat sort dehors vous ne devriez pas avoir des mangeoires pour les oiseaux – réservez-les pour les chats d'intérieur qui aimeront les observer par la fenêtre. En solution alternative, offrez à Lucy des proies artificielles à traquer et chasser dans la maison, comme une souris mécanique animée de mouvements erratiques. Bonne chasse !

Mon chat se conduit en cochon

Q J'ai toujours pensé que les chats étaient méticuleux et propres, mais mon chat attire la saleté comme un aimant. Dehors, il adore se rouler dans la poussière. Il creuse dans mon jardin de simples, et arbore fièrement ses pattes et son ventre plein de terre. Sa magnifique fourrure noire est toute sale et poussiéreuse.
Pourquoi agit-il ainsi ?

R En général, les chats s'enorgueillissent d'une robe bien lissée, et ils passent des heures par jour à se toiletter. Mais votre chat est en mission motivée par les odeurs et les textures. Bien qu'il soit commun pour un chien de se rouler dans des choses odorantes, comme le poisson mort ou les crottes de canard, la plupart des chats ne recherchent pas les endroits puants, choisissant à la place de se rouler dans la terre ou sur l'asphalte. Ils le font pour bien des raisons.

La principale est de déloger et enlever les poils morts, ce qui fait partie de la séance de toilettage. La terre et la poussière qui filtrent jusqu'à la peau découragent les puces et autres insectes. Les chats peuvent aussi se rouler dans la poussière ou la terre du jardin pour se débarrasser d'odeurs désagréables pour eux, tel que le puissant parfum de votre tante Catherine, ou le cigare odorant du cousin Christophe. De plus, une bonne roulade sur terrain rugueux est agréable, comme un mini-massage !

Ma chatte, Callie, se roulait par terre chaque fois que je l'emmenais dehors, mais maintenant, je l'aide à rester propre en la brossant régulièrement, de sorte que sa robe essentiellement blanche, ne se salisse pas. Elle apprécie cette attention et la brosse lui fait le même effet que de se rouler sur mon allée de brique.

Beaucoup de chats se roulent par terre à l'approche d'un humain qu'ils aiment bien. Il semble que ce soit une façon de dire : « J'ai assez confiance en toi pour te montrer mon ventre ; peut-être que tu vas venir me gratter les oreilles vu que je suis si mignon ! » Naturellement, il arrive souvent qu'à votre approche, le chat se relève d'un bon et s'enfuie, alors, qui sait ce qu'il pense vraiment ?

Vous parlez de votre jardin de simples. Le nez de votre chat le conduit à cet endroit aux odeurs sensationnelles où il peut jouir à la fois de la sensation de la terre sous ses coussinets et des arômes de vos plantes odorantes. Se rouler par terre ne fait qu'ajouter au plaisir d'être dehors.

Dingue d'herbe à chat

Q J'espère que vous pourrez trancher à propos d'une divergence familiale. Je prétends que tous les chats réagissent à l'odeur de l'herbe à chat, et mon mari soutient que non. Notre chat, Gigi, arrive en courant quand je pulvérise de l'odeur d'herbe à chat sur son arbre à chat. Il monte jusqu'en haut, se roule dans l'herbe à chat et la mange. Mais mon mari avait un chat qui ignorait totalement cette odeur. À l'égard de l'herbe à chat, qu'en est-il de nos félins ?

R J'espère que vous n'avez pas parié de l'argent avec votre mari, parce qu'il gagne haut la main. Les félins de toutes les tailles, depuis le chat domestique jusqu'au lion de montagne, sont connus pour se rouler, se frotter la face et se contorsionner dans des parcelles de cette herbe aromatique. Les chercheurs nous affirment que jusqu'à 70 % des félins exposés à l'odeur de l'herbe à chat manifestent une réaction quelconque, et que l'importance de la réaction semble influencée par des facteurs génétiques. Les chatons n'apprécient pas l'herbe à chat avant d'avoir au moins six semaines, et 30 % des adultes n'ont pas de réaction du tout. Des chats différents, de la même portée, peuvent avoir

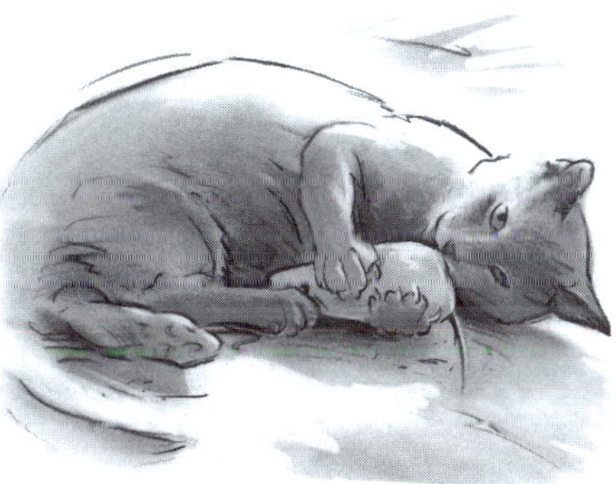

des réactions différentes à l'herbe à chat, pouvant aller de l'absence de réaction jusqu'à la félicité totale, en passant par l'irritation.

L'herbe à chat (*Nepeta cataria*) fait partie de la famille des menthes. L'huile de ses feuilles contient un produit chimique appelé nepetalactone, dont l'odeur ressemble beaucoup à celle de l'urine de chatte. Les chercheurs ne savent pas comment agit cette stimulation, mais la nepetalactone doit être inhalée pour atteindre les récepteurs d'odeurs voméronasaux et déclencher une réaction. La plupart des chats frottent leur menton et leurs joues dans cette herbe, ou se roulent tout le corps dedans, tandis que certains la lèchent et la mangent. En moyenne, l'effet dure de cinq à quinze minutes.

Une pincée ou deux d'herbe à chat, fraîche ou séchée, suffit à rendre votre chat complètement dingue. Il est intéressant de noter que cette réaction psycho sexuelle ne peut être redéclenchée qu'au moins une heure après le premier contact. Pour une raison inconnue, les chats ont besoin de temps entre les portions d'herbe à chat pour retrouver leurs sens. Offrez à votre chat un peu d'herbe à chat vingt minutes avant l'heure du coucher. L'herbe devrait le stimuler à faire suffisamment d'exercice pour le fatiguer et le faire dormir toute la nuit.

Je vous recommande d'offrir à votre chat des jouets remplis d'herbe à chat organique, l'herbe favorite des félins. Conservez l'herbe à chat dans une boîte opaque et imperméable à l'air. Ne conservez pas l'herbe à chat dans le réfrigérateur parce que le froid et l'humidité affaibliront sa puissance.

Vous pouvez essayer de vous faire une infusion d'herbe à chat fraîche. Pour les humains, l'herbe à chat agit comme un sédatif, non comme un stimulant, ce qui en fait la boisson idéale pour nous emmener au pays des rêves.

Qui veut du chèvrefeuille

Si votre chat n'est pas un fan de l'herbe à chat, essayez de lui donner des jouets remplis de poudre de chèvrefeuille, ou un morceau de bois de chèvrefeuille. Vous pouvez en trouver dans les magasins spécialisés ainsi que sur internet. L'espèce *Lonicera tartarica* provoque une réaction similaire, mais moins intense, que celle de l'herbe à chat. Il faut humidifier le chèvrefeuille pour activer son odeur.
Toutefois, ne laissez pas votre chat mordiller ou mâchouiller des baies ou du bois de chèvrefeuille, et n'oubliez pas que certaines variétés de chèvrefeuille sont toxiques. Voici un tuyau intéressant à partager avec vos amis amoureux des félins : les scientifiques signalent qu'environ 30 % des chats qui ne réagissent pas à l'odeur de l'herbe à chat, réagissent à celle du chèvrefeuille.

Le jeu du chat et de la souris d'ordinateur

Q Je travaille chez moi, et j'adore avoir mon chat, Spam, dans mon bureau avec moi. Généralement, il dort sur son lit sur un coin de ma table de travail. Je passe beaucoup de temps à l'ordinateur, et parfois, Spam marche sur mon clavier ou se plante entre moi et l'écran. C'est contrariant d'être tout le temps obligée de le déloger. J'ai peur également qu'il marche sur la mauvaise touche et me fasse perdre des données. Je n'ai pas envie de lui interdire le bureau. Avez-vous des suggestions ?

R Les ordinateurs et les chats ne vont pas bien ensemble. Un chat qui marche sur un clavier, se perche sur le moniteur, ou se frotte contre une tour peut fermer des applications, effacer des fichiers, insérer du charabia dans un document, ou détruire le disque dur. Moi aussi, j'aime avoir mes chats près de moi quand je travaille à l'ordinateur. L'un de mes chats se positionnait fréquemment entre le moniteur et moi jusqu'à ce que je réalise qu'il m'informait de son besoin d'attention. Alors je lui ai fait un lit sur une chaise du bureau que j'ai placée près de la mienne. Satisfait, il ne cherche plus à taper sur mon clavier quand je m'en sers. Eloigner les chats des claviers est plus compliqué que de les éloigner des comptoirs. Spam a déjà sa propre parcelle immobilière sur votre bureau, alors votre travail consiste à lui apprendre qu'il n'est pas autorisé à entrer dans votre aire de travail. Vous ne pouvez pas risquer de l'asperger d'eau, parce que vous ne voulez pas endommager votre coûteux équipement informatique. Quand il grimpe sur votre clavier, soulevez-le et posez-le par terre. Au début, vous serez sans doute obligée de faire cela fréquemment, mais il devrait finir par réaliser que l'ordinateur lui est interdit.

Jouez au chat et à la souris mais différemment, en jetant une souris jouet à travers la pièce pour le distraire de votre clavier. Vous pouvez aussi jouer avec lui pendant 10 ou 15 minutes avant de vous mettre à l'ordinateur, pour qu'il ait davantage envie de faire la sieste. Assurez-vous également qu'il a fait son repas avant que vous vous mettiez au travail, afin qu'il ne vous harcèle pas pour avoir à manger. Parfois, le câliner quelques minutes dans vos bras suffira à satisfaire son besoin d'attention, et il s'éloignera à la recherche d'un autre amusement.

Si vous avez un chat qui joue avec votre clavier quand vous n'êtes pas là, installez une étagère rétractable sous votre bureau quand vous ne vous en servez pas, pour qu'il ne soit plus accessible à votre chat curieux. Ou posez dessus une épaisse housse en plastique quand vous ne pianotez pas.

Vous pouvez aussi contre-attaquer avec un outil high-tech : Paw Sens (Patte Sensée), logiciel qui protège les ordinateurs des entreprises des félins. Le programme détecte le poids du chat sur le clavier et empêche ses mouvements aléatoires d'entrer dans les commandes de vos programmes ou systèmes opératoires. Un message apparaît sur l'écran, annonçant : « Sténo de chat détectée. » Pour débloquer l'ordinateur, vous tapez le mot « Humain ». En option, les acheteurs peuvent sélectionner un bruit désagréable activé quand une patte se pose sur le clavier, même si vous n'êtes pas dans la pièce.

La solution la plus simple : fermez la porte de votre bureau quand vous travaillez à l'ordinateur. Faites-en une zone sans chat. Je sais que cette option ne vous plaît pas, mais vous pouvez l'essayer pendant un jour ou deux, et voir si c'est suffisant pour décourager votre chat amoureux des claviers.

Félin funny face

Q Qu'est-ce qui arrive à mon chat, Mambo ? À l'occasion, il semble entrer dans un état hypnotique quand il renifle intensément quelque chose. Il ouvre légèrement la bouche, fronce le nez, grimace et retrousse les babines. C'est une posture très étrange. Cela se produit généralement quand il renifle des buissons. Je ne l'ai jamais vu faire ça dans la maison. Est-ce une chose que seuls font les chats ? Qu'est-ce que ça veut dire ?

R Mambo manifeste la réaction de Flehmen (acte de détecter les phéromones, signes chimiques produits par les animaux). Cette curieuse expression de la face n'est pas limitée aux chats. Bien d'autres mammifères, dont les lions, les chauves-souris et les chevaux, adoptent cette pose en réaction à une odeur particulière. Le nez de Mambo lui annonce la présence de chattes en chaleur ou d'intrus mâles dans le voisinage. Dans ce cas, l'odeur intéressante est celle de l'urine.

Explication scientifique : quand Mambo inspire, il envoie l'odeur dans un sac spécial connu sous le nom d'organe de Jacobson ou organe vomeronasal. Cet organe est localisé dans le plafond de la bouche, où il piège les molécules odorantes et envoie l'information vers le cerveau. La réaction de Flehmen peut être déclenchée par de nombreuses odeurs, mais se produit surtout quand un animal – mâle ou femelle – sent de l'urine.

Mambo repère des phéromones, substances chimiques générées par les animaux, et qui sont une forme de communication aromatique. Un profond reniflement, et Mambo peut accéder à toutes sortes d'informations sur un autre animal, comme si celui-ci avait laissé une carte de visite. Il peut déterminer le genre, le statut reproducteur, et la santé des animaux qui ont laissé leur marque le long de vos murs. Si vous voulez vraiment tout savoir sur les cancans du voisinage, demandez à Mambo – son nez sait tout !

Giron de luxe

Q Tous les chats que j'ai eus avant Jessie étaient contents de s'asseoir à côté de moi ou près de moi. Pas Jessie. Elle veut à toute force grimper sur mes genoux, s'allonger et ronronner. Elle est très rapide. Souvent, quand je m'assieds, elle sort de nulle part quelques secondes plus tard et saute sur mes genoux. Or elle peut s'asseoir n'importe où. Pourquoi veut-elle toujours être dans mon giron ?

R Les chats sont comme les gens. Ils ont des préférences marquées pour les endroits qu'ils trouvent plus confortables. Mon chat Gus est adorable, mais j'ai cessé depuis longtemps d'essayer d'en faire un chat de giron. Il ne s'y trouve pas à son aise, alors je respecte son désir de se coucher près de moi sur le canapé.

Pour les félins qui aiment se faire câliner, le giron présente trois avantages. Premièrement, les genoux sont en position élevée. Les chats aiment nicher au-dessus du sol d'où ils peuvent observer les activités ambiantes. Deuxièmement, les genoux sont chauds. Notre chaleur corporelle attire les chats, surtout durant les mois froids. Troisièmement, les genoux sont sûrs. En se lotissant contre une personne qu'il aime, le chat se sent en sécurité.

Certains chats profitent de ces moments d'intimité avec vous pour promener leurs griffes (aïe !) le long de votre jambe. (Voir Le Besoin de Pétrir, p. 37) Pétrir les aide à revivre ces merveilleux moments où ils étaient chatons et tétaient leur mère, avec le sentiment d'une sécurité totale. Vous apprécierez davantage ces moments d'union si vous rognez les griffes de votre chat ou si vous posez une couverture ou une serviette sur vos genoux pour protéger vos cuisses.

Estimez-vous heureuse d'avoir en Jessie une adorable chatte chercheuse de giron. Sa présence sur vos genoux peut également vous inspirer contentement et relaxation.

Froissement connexion

Q Mon chat peut bien dormir, mais si j'attrape un morceau de papier, de cellophane ou de papier d'aluminium et que j'en fais une boule, il se réveille instantanément. Il adore ce bruit de froissement, et court après une boule de papier si je la lance dans le couloir. Si j'agite un sac en papier du supermarché, il arrive en courant. Il ira même jusqu'à entrer dans le sac si je le laisse par terre. D'où vient l'attrait de ces bruits de froissement pour les chats ?

R Bien que ces objets domestiques soient inanimés, les bruits de froissement qu'ils produisent ressemblent aux pépiements aigus des oiseaux, des crickets, aux cris des souris et des rats, déclenchant par là chez un chat une réaction de prédateur. L'imagination de votre chat, qui fait semblant de croire à la réalité de ces objets, est totalement occupée. Vous lui donnez une chance de peaufiner ses dons de chasseur et de frimer devant vous.

Certains chats manifestent le même intérêt pour les objets brillants. Certaines races, surtout les Manx, les Bobtails Japanese, et les Munchkins, ont tendance à collectionner et accumuler les objets brillants tels que les bijoux et les pièces en argent, et à les cacher dans des endroits bizarres, tels que des chaussures ou sous un fauteuil.

Manx mania

Le Manx sans queue est l'une des plus anciennes races de chats, mais son origine reste mystérieuse. D'après un conte folklorique celte inspiré de la Bible, le Manx fut la dernière créature de Dieu à monter dans l'Arche, y parvenant juste avant que Noé en claque la porte, en lui coupant la queue. Traumatisé, le chat s'enfuit de l'arche et nagea du Mont Ararat à l'Ile de Man, où il trouva un foyer.

Un autre conte folklorique affirme que les Irlandais volèrent des chatons pour utiliser leurs queues comme porte-bonheur. Pour sauver leurs chatons, les mères chattes sectionnèrent avec leurs dents la queue de leurs rejetons, créant ainsi le chat sans queue.

La vraie raison derrière la queue manquante ? Il est probable que la race s'est développée à partir de chats abandonnés par les bateaux de passage sur l'Ile de Man, entre l'Angleterre et l'Irlande. Des siècles de consanguinité ont fini par provoquer une mutation spontanée, et la disparition de la queue de cette race, sociable et affectueuse.

Certains Manx ont une queue, d'une longueur soit totale soit partielle, et bien que considérés comme de race pure, ils ne peuvent pas participer aux championnats ni aux concours. Seuls la « rumpy » Manx, totalement sans queue, et le « rumpy riser » doté d'une ou deux vertèbres, peuvent participer aux compétitions, mais les chats dont la queue est « slumpy » – très courte – ou plus rarement « longie » – presque normale – sont encore précieux comme reproducteurs ou animaux de compagnie.

Queue dressée vers le ciel

Q Mon chat, Piano, relève instantanément l'arrière train et la queue chaque fois que je lui caresse ou gratte le dos. À l'évidence, il aime ce contact. Il ne semble pas réaliser qu'il me provoque en me montrant son derrière, et cela me déplaît. Pourquoi fait-il cela et comment puis-je l'en empêcher ?

R Piano adopte l'attitude connue des fans de félins sous le nom de « cul haut ». Quand vous lui caressé ou gratté l'endroit ad hoc, il ne peut s'empêcher de soulever son arrière-train. Après tout, il le fait depuis la naissance.

Les chatons soulèvent leur derrière et relèvent leur queue pour que leur mère puisse les inspecter et les nettoyer. Cette stimulation précoce est à la fois fonctionnelle et agréable. Maintenant qu'il est adulte, le « mooning » de Piano est simplement sa façon de vous dire que vous êtes digne de gratter un endroit sensible qui lui procure du plaisir. Stopper ce comportement spontané serait pour lui aussi difficile que pour vous de garder les yeux ouverts quand vous éternuez. Impossible ! S'il fait cela devant des tiers (et vous savez qu'il le fera) laissez-vous guider par l'humour et déclarez simplement que c'est l'heure du « cul haut ». Si cela vous embarrasse, ne lui grattez pas le dos devant vos invités !

Info chat

Les Munchkins, race de chats nains, ont de courtes pattes à cause de la mutation d'un gène dominant. On leur a donné le nom des petits nains du film *Le Magicien d'Oz*.

Super ! Super ! Lisez tout !

Q L'un de mes rituels matinaux consiste à déguster une tasse de café tout en lisant un quotidien sur le canapé. Depuis que j'ai adopté Gizmo, un Bobtail très joueur, j'ai à peine le temps de parcourir les gros titres en première page avant qu'il ne saute et atterrisse sur mon journal. Il m'a surprise plusieurs fois, et je renverse mon café partout. Pourquoi fait-il cela ?

R Les chats ne savent pas lire, bien sûr, mais ils sont intensément curieux. Gizmo appartient à une race espiègle et joueuse, de sorte qu'il est d'autant plus intéressé par ce que vous faites, et soucieux d'attirer votre attention. Quand il décide de regarder quelque chose de plus près, il saute littéralement dessus.

Essayez la solution suivante : enlevez quelques pages que vous ne lisez pas, par exemple les petites annonces. Faites-en une sorte de tente à côté de vous, en tapotant sur le canapé pour attirer l'attention de Gizmo. Cachez un de ces jouets favoris ou une friandise sous les pages. Encouragez-le à sauter, rebondir et plonger dans ses pages du journal, en gardant pour vous la première page, les sports et les bandes dessinées.

Vous pouvez aussi transformer les pages que vous ne lisez pas en une sorte de tapis magique pour votre chat. Placez-les à l'entrée d'un long couloir parqueté, et encouragez Gizmo à venir en courant, à sauter sur le journal et à glisser tout le long du corridor. J'ai découvert que la page des annonces classées marche beaucoup mieux que les nouvelles.

Chats abandonnés devenus stars

Shamu, la baleine tueuse, peut bien faire sensation - au Centre de la Mer - Des douzaines de chats talentueux font également parler d'eux dans les parcs de loisirs. Les anciens chats abandonnés sont les vedettes d'un spectacle délirant intitulé « Les animaux commandent », qui met aussi en scène des chiens, des oiseaux, et un cochon rebondi plein d'assurance. Des félins qui sautent d'une tour de 10 mètres de haut sur les épaules d'un dresseur prouvent que les chats ont autant de talent que les chiens et les baleines.

Pendant le spectacle, chats et chiens se ruent sur la scène depuis différentes entrées, tous sans laisse et sans se laisser distraire par les applaudissements de l'assistance. Les chats marchent sur des cordes, traversent des tunnels, et ondulent entre les jambes d'un dresseur qui marche. Dans une scène, trois chats noirs sautent dans une gigantesque bouteille de lait posée sur le plateau, et trois chats blancs en sortent.

Le célèbre dresseur d'animaux, Joel Slaven, m'a dit qu'il n'est rien de plus gratifiant que le fait d'adopter un chat timide et non entraîné trouvé dans un refuge et de le voir se transformer en un comédien heureux et plein d'assurance. Il choisit exprès des chats qui ont été abandonnés du fait de leurs comportements indésirables, tels que grimper aux rideaux, marcher sur les comptoirs, ou sauter sur les étagères.

Il a découvert que les chats les plus faciles à dresser sont ceux qui sont capables d'une attention soutenue, qui possèdent une personnalité extravertie, et sont hautement motivés par la nourriture, les louanges et les séances de toilettage. Il observe les comportements naturels de chaque chat et invente des numéros basés sur leurs activités préférées. Par exemple, un chat qui aime grimper aux rideaux peut être entraîné à se hisser au sommet d'une corde. Celui qui ayant l'habitude de se frotter à vos jambes peut apprendre à zig-zaguer entre vos jambes sur commande.

Pour lui la patience et une attitude positive sont les deux clés du succès dans l'éducation des félins. Il bâtit son entraînement sur une succession de petites réussites et se limite à de brèves sessions de travail, encourageant les chats par des louanges et des friandises.

Beaucoup, beaucoup d'orteils

Comptez le nombre d'orteils des pattes antérieures de votre chat – cela devrait faire cinq. Maintenant, regardez les pattes postérieures – chacune devrait avoir quatre orteils. Toutefois, certains chats ont jusqu'à sept orteils à chaque patte. Avoir des orteils surnuméraires, ou être polydactyles, est une anomalie génétique, mais pas une maladie. Toutes les races félines peuvent avoir des orteils surnuméraires, mais la CFA n'enregistre pas les polydactyles pour les concours.

Selon la légende, les marins du XVIIe siècle considéraient que les chats polydactyles avaient de la chance parce que cela faisait d'eux de meilleurs chasseurs et que cela leur donnait un meilleur équilibre par gros temps.

Les touristes qui viennent visiter la maison du grand écrivain (et amoureux des chats) Ernest Hemingway, viennent non seulement pour admirer son style mais aussi pour rencontrer et saluer les nombreux chats polydactyles qui circulent dans la propriété. Environ 60 vivent sur le domaine et sont protégés par son testament. Ce qui explique pourquoi les chats polydactyles sont parfois appelés « chats Hemingway ». D'autres admirateurs les appellent « chats pouces » ou « chats mitaines ».

QUATRIÈME PARTIE

Réfléchir en dehors de la litière

Beaucoup de personnes ayant des chats sont angoissées et perplexes face à leurs habitudes sanitaires. C'est une affaire sérieuse pour les gens, mais quasiment, une question de vie ou de mort pour trop de chats. Car la raison comportementale Numéro Un pour laquelle les chats sont chassés d'un foyer et confiés à un refuge, c'est le problème de déjections.

On comprend que les propriétaires n'en finissent pas de devoir nettoyer tout le temps les tapis, et parquets, et même leur lit. Ou bien, c'est l'un des époux qui lance un ultimatum à l'autre : « Soir tu convaincs ton chat de faire ses besoins dans sa boîte, soit tu t'en débarrasses ».

Il y a bien des raisons pour lesquelles un chat peut dédaigner sa litière et faire ses besoins ailleurs. La véritable cause peut en être une maladie, le stress induit par un changement de routine, ou l'aversion pour les « installations » disponibles. Dans tous ces cas, votre chat vous annonce que quelque chose ne va pas. C'est à vous de jouer les détectives animaliers, et de trouver les indices.

Dans ce chapitre, je vous ferai part de certains conseils, dans l'espoir que ceux-ci vous permettront, de passer avec votre chat, de nombreuses années heureuses dépourvues de tout incident dans un foyer qui fleurera toujours aussi bon qu'une belle journée de printemps.

Leçons sur la litière

Q Nous avons l'intention d'adopter bientôt notre premier chaton. Je pensais que les chatons savaient instinctivement se servir d'une litière dès le premier jour, mais des amis qui ont de jeunes chats me disent que ce n'est pas toujours le cas. Si le chaton que nous rapportons à la maison a besoin de leçons dans ce domaine, quelle sera la meilleure façon de l'éduquer ?

R Je parie que vous n'aviez jamais imaginé pouvoir ajouter à la liste de vos talents celui de « professeur de litière » ! Ce n'est peut-être pas aussi impressionnant que chirurgien du cerveau ou meilleure maman du monde, mais pour les jeunes chatons, quelques leçons sur l'usage de la litière feront beaucoup pour lui donner des habitudes qui dureront toute une vie.

Effectivement, la plupart des chatons se mettent à la litière comme… disons, les chats adultes se mettent à l'herbe à chat. Instinctivement, les chats enterrent leurs crottes et recouvrent leur urine, comportement qui remonte à des milliers d'années, quand les chats sauvages devaient éviter d'être détectés par des prédateurs éventuels. C'est pourquoi les chats d'extérieur choisissent le jardin ou le bac à sable pour leurs besoins, à la consternation des jardiniers et des parents.

La plupart des chatons ont appris l'ABC de la litière de leur mère vers l'âge de quatre semaines. C'est la situation « chaton voit - chaton fait », dans leur quête pour imiter tout ce que fait leur mère pleine de sagesse. Les chatons orphelins ou sevrés et éloignés de leur mère à un âge trop tendre peuvent tout ignorer de l'étiquette de la litière ; ou bien ce sont simplement des chatons qui apprennent lentement.

Voici quelques bons plans pour aider votre nouveau chaton à profiter de ces leçons et à partir de la bonne patte :

→ Achetez une petite boîte à litière, avec des côtés assez bas – pas plus de sept centimètres – pour que votre chaton, qui a les pattes courtes, puisse y entrer et en sortir facilement. Les grandes boîtes à litière, avec des côtés hauts de dix centimètres ou plus, et parfois pourvues d'un toit sur une partie de leur surface, peuvent être trop impressionnantes pour certains petits chatons.

→ Posez la boîte à litière dans un endroit de la maison facile d'accès, mais pas bruyant ni trop fréquenté comme la cuisine. Ne placez jamais la boîte à litière près des bols de nourriture et d'eau. Les chats sont des créatures très propres, et détestent prendre leur repas à côté de leurs déjections. Si vous vivez dans une maison à plusieurs étages, placez une litière à chaque niveau.

→ Quand vous rapportez chez vous votre nouveau chaton, escortez-le jusqu'à sa boîte (remplie d'environ cinq centimètres de litière) et posez-le dedans. Passez-lui doucement les pattes à l'intérieur, pour qu'il en sente la texture. De l'index, fouillez dans la litière propre. Puis laissez-le explorer la boîte lui-même et en sortir tout seul.

→Les premiers jours suivant son arrivée, posez-le dans la boîte quand il se réveille, après un repas, après une séance de jeu, et quand il sort d'une petite sieste.

→ Après l'avoir placé dans la boîte, reculez sans bruit et laissez-le tout seul. Contrairement aux chiots qui adorent entendre leur maître chantonner joyeusement « bon popo ! », la plupart des félins préfèrent leur intimité et ne désirent pas que vous arriviez en fanfare, ou que vous applaudissiez quand ils ont accompli leur mission. Soyez discret avec votre chaton.

→ Enlevez les déjections tous les jours pour que la boîte reste propre.

De grâce, pratiquez les deux « P » de l'entraînement Popo : la Patience et la non-Punition. Il suffira peut-être à votre jeunot de quelques voyages à la boîte pour savoir s'en servir, ou au contraire il lui faudra quelques semaines. Résistez à la tentation de le gronder, de lui crier dessus, ou de l'asperger d'eau, parce que généralement l'approche punitive se retournera contre vous. Votre chaton pourra avoir tellement peur qu'il commencera à éviter la boite à litière et cherchera des endroits moins dangereux, par exemple sous votre lit ou dans votre placard.

Si vous remarquez le moindre signe de diarrhée, si vous voyez votre chaton pousser ou si vous l'entendez crier quand il utilise la boîte, emmenez-le chez votre vétérinaire, car il souffre peut-être d'une infection des voies urinaires, ou de parasites intestinaux. Bonne chance !

Pourquoi les chats perdent leur foyer

Les statistiques des organismes d'observation des animaux de compagnies donnent un aperçu complet des raisons pour lesquelles beaucoup de chats finissent dans des refuges. Si l'on considère uniquement les raisons comportementales, les déjections dans la maison sont la cause Numéro Un, avec 43 % des réponses. Les autres raisons sont :

→ Le style de vie de la famille (trop de chats dans la maison, allergies, problèmes personnels)

→ Les problèmes d'hébergement (déménagement, conflit avec un propriétaire, trop peu de place)

→ Les problèmes comportementaux (besoins faits dans la maison, conflits avec d'autres animaux de compagnie)

Les secrets du succès

Prenez l'habitude d'enlever tous les jours les urines et les matières fécales de la litière. Tous les quinze jours, jetez toute la litière et nettoyez la boîte avec de l'eau chaude et un produit vaisselle doux. Si possible, laissez la sécher au grand air pour que le soleil tue les germes. Si vous utilisez de l'eau de Javel pour la désinfecter, servez-vous d'une solution très diluée et rincez à fond avant de sécher. La forte odeur de Javel pourrait rebuter votre chat.

Je vous recommande d'avoir une boîte supplémentaire avec de la litière propre à utiliser pendant que l'autre sèche. Si vous avez plusieurs litières, n'en nettoyez qu'une seule à la fois pour que votre chat en ait toujours une pour faire ses besoins.

Litanie de la litière

Q Au secours ! Je m'y perds dans les différents types de litière disponibles dans les magasins. La litière peut être composée d'argile, de maïs émietté et même de journaux recyclés. Il y a la litière standard, celle qui est composée de billes et celle qui se jette dans les toilettes. Certaines sont parfumées, d'autres non. Et elles peuvent être chères. Laquelle vaut-il mieux acheter ?

R Vous avez raison. La litière n'est pas donnée et elle est assez lourde. Partager ma maison avec trois chats fait souffrir mon porte-monnaie, et met mes biceps à l'épreuve chaque fois que je dois trimbaler un gros sac de litière jusque chez moi.

La litière a évolué commercialement, comme le café. Rappelez-vous l'époque où le choix du café se réduisait à noir, ou avec crème et sucre ? Maintenant, au lieu de commander simplement une tasse de café, vous devez connaître des mots tels que moka, ou expresso.

La litière apparut pour la première fois dans les boutiques il y a plus de cinquante ans. Le mérite en revient à un jeune homme nommé Edward Lowe, qui travaillait dans l'entreprise de produits absorbants de son père. Un jour, une amie se plaignit à lui de l'odeur et de la saleté de la terre et de la cendre mises à la disposition de son chat dans une boîte. Lowe lui suggéra de répandre un peu de produit absorbant de son entreprise dans sa boîte pour en atténuer les mauvaises odeurs. La litière ÉTAIT NÉE.

Aujourd'hui, il existe une grande variété de litière. La plupart des marques en proposent des soi-disant sans odeurs, mais cette affirmation est sujette à caution. L'argile est le matériau le plus populaire, parce qu'il forme des billes faciles à évacuer. Il peut toutefois provoquer des gênes respiratoires chez les humains et les chats.

Les entreprises sensibles à l'argument environnemental, ont mis au point des litières à base de pin et de grain, absorbants et biodégradables. Le grain contient une enzyme naturelle qui adoucit la puissante odeur d'ammoniaque de l'urine de chat. Une nouvelle génération de litière est composée de papier recyclé, de feuilles de thé vert jetables dans les toilettes, de silice et de gel de silice. Certaines litières comprennent des ingrédients tels que la levure chimique et des parfums ou des odeurs d'agrumes, qui sont censés chasser les odeurs.

Pour vous aider dans votre choix, n'oubliez pas que le nez d'un chat est cent fois plus sensible que le vôtre. D'autre part, les chats ne sont pas friands des odeurs d'agrumes et de parfums. Ce que votre nez peut identifier comme un léger parfum citronné peut écoeurer un chat sensible aux odeurs, et même provoquer le boycott de sa litière. Cela vaut également pour les produits désodorisants pulvérisés sur les murs et les boîtes.

Aimeriez-vous mieux marcher sur une surface finement granulée, ou sur une route cahoteuse pleine de grosses boulettes ? Votre chat peut faire partie de ceux qui préfèrent l'argile fine, mais il peut aussi vous surprendre en préférant les grosses billes.

Bref, privilégiez les besoins et les désirs de votre chat. Testez ses préférences en achetant de petits sacs de différents types de litière. Mettez-en une dans une boîte, une autre dans une deuxième, et voyez quelle boîte le chat visite le plus souvent. Un signe certain que votre chat n'aime pas une litière, c'est quand il fait ses besoins juste à côté de la boîte. Il vous montre qu'il essaie d'agir comme il faut, mais que cette litière le rebute.

Le cas de Tom

Quand Claude et Laura apportèrent à mon cabinet Tom, un mâle castré de huit mois, ils m'expliquèrent qu'il était léthargique, qu'il ne s'intéressait pas à la nourriture, et qu'il commençait à manger sa litière.

L'examen révéla que les gencives de Tom étaient blanches. Une analyse de sang dépista une dangereuse anémie. L'anémie peut être qualifiée de « régénérative », ce qui signifie que la moelle osseuse essaie de remplir le sang de nouvelles hématies, ou « non régénérative », quand la moelle osseuse ne renouvelle pas les hématies du sang. Je prescrivis plusieurs analyses, étant donné la gravité de cette anémie, et fis à Tom une transfusion qui lui sauva la vie.

Quelques jours plus tard, les analyses révélèrent que Tom avait une anémie « non régénérative ». Afin de comprendre pourquoi, je prélevai un échantillon de moelle osseuse, et l'analyse révéla une absence quasi-totale des cellules qui, normalement, donnent naissance aux hématies. Diagnostic : pure aplasie des hématies, maladie qu'on rencontre de temps en temps chez les jeunes chats âgés de huit mois à trois ans. On pense qu'elle est provoquée par une anomalie du système immunitaire qui s'attaque à la moelle du chat. Un traitement long et agressif est alors nécessaire avec des médicaments qui affaiblissent le système immunitaire. Nous avons administré le traitement approprié à Tom, et il a réagi positivement. Le nombre de ses globules rouges a augmenté régulièrement. En quelques semaines, il était redevenu normal. Nous avons commencé à diminuer les doses jusqu'à parvenir à la dose la plus faible, permettant de contrôler l'anémie. Pendant ce temps, Claude et Laura abandonnèrent la litière d'argile pour une litière à base de blé afin de dissuader le chaton de continuer à manger sa litière. Cela sembla marcher. Tom ne manifesta pas d'appétit pour la nouvelle litière, et il redevint actif et joueur.

Mais quelques semaines plus tard, Tom fit une rechute. Ses gencives étaient pâles et sa numération globulaire était au plus bas. Ses propriétaires mentionnèrent qu'ils avaient trouvé Tom en train de lécher l'argenterie, chose qu'il n'avait jamais faite jusque-là. Heureusement, Tom réagit de façon spectaculaire à un dosage accru de ses médicaments. Curieusement, dès que l'anémie de Tom fut contrôlée, il cessa de lécher l'argenterie.

Le phénomène appelé Pica, ou ingestion volontaire de matériaux non comestibles, représente approximativement 2,5 % des comportements anormaux chez le chat domestique. Bien que la cause en soit inconnue, on attribue souvent cet état à une carence en certains minéraux ou à des facteurs psychologiques. L'étrange comportement alimentaire de Tom se produisait quand il était gravement anémié. Cela cessa dès que son anémie fut contrôlée. Cela me fit comprendre que le fait que Tom mange sa litière et lèche l'argenterie n'était pas simplement une bizarrerie psychologique, mais avait une cause médicale.

(*Contribution d'Arnold Plotnick, docteur vétérinaire.*)

Principales raisons pour lesquelles les chats dédaignent la litière

(sans ordre particulier)

→ Litière sale
→ Trop peu de litières pour les chats de la maison
→ N'aime pas la texture de la litière
→ Nouvelle marque de litière utilisée
→ Rénovation de l'habitat
→ Déménagement
→ Nouveau chat, chien ou personne dans le foyer
→ Changement dans les horaires du propriétaire
→ Menace d'un chat étranger
→ Maladie telle qu'une infection des voies urinaires
→ Inconfort physique pour entrer dans la boîte et en sortir

Mettre un couvercle à la litière

Q Nous avons deux chats, âgés de quatre et cinq ans. Nous allons déménager, et je voudrais profiter de l'occasion pour acheter de nouvelles boîtes à litière. Nous avons toujours utilisé des boîtes ouvertes, mais j'aimerais essayer celles surmontée d'un « couvercle ». Mes chats n'ont jamais eu aucun problème avec les litières. S'habitueront-ils à des litières couvertes ?

R Comme les litières, les boîtes qui les contiennent peuvent être très différentes. À la boîte classique peu profonde et ouverte s'ajoutent de nouveaux styles : la boîte couverte, la boîte autonettoyante, la boîte ronde et la boîte à placer dans les coins. Pour ceux sensibles à la décoration, il y a même la boîte qui s'encastre dans un meuble pour se rendre invisible aux humains. Certaines ont aussi des portes, que les chats apprennent à ouvrir et fermer.

Puisque vos deux chats ont l'habitude des boîtes ouvertes, je vous recommande de garder vos vieilles boîtes pour l'instant, et d'en introduire une troisième couverte pour la tester. Certains chats se sentent davantage en sécurité dans une boîte couverte parce qu'elle leur procure plus d'intimité. Les boîtes couvertes conservent plus de litières à l'intérieur surtout quand elles sont utilisées par des chats qui ont l'habitude de projeter de la litière autour d'eux pour enterrer leurs déjections. De plus, les boites couvertes compliquent la vie des chiens, quand ils veulent se livrer à des raids sur la boîte.

Cependant, les boîtes couvertes conservent les odeurs. Vous devrez être vigilante, retirer les déjections tous les jours, nettoyer les boîtes toutes les semaines à l'eau chaude et au détergent doux, et les laisser sécher au grand air. Les boîtes couvertes peuvent paraître un peu exigües pour permettre aux gros chats de s'accroupir sans se heurter sur les côtés ni se cogner la tête.

Si vous êtes prête pour une opération litière quotidienne, achetez une boîte couverte et laissez vos chats choisir. Vous découvrirez peut-être qu'avec le temps, vous pourrez remplacer les anciennes boîtes par des boîtes à couvercle.

L'endroit, l'endroit, l'endroit

Q Nous avons une maison à un étage, avec trois chambres à coucher et trois salles de bains. Nous avons aussi un patio clos. Nous avons deux chats d'intérieur, âgés de quatorze et sept ans. Je veux mettre la litière dans la salle de bains principale où je peux facilement la nettoyer, mais mon mari maintient que sa place est à la cave. Quel est le meilleur endroit de la maison où placer la litière ?

R Mettez un « s » à litière. Les vétérinaires et les comportementalistes animaliers recommandent ce qui suit : une boîte par chat, plus une. Dans votre cas, cela fera trois. Donner le choix à vos chats accroît les chances qu'ils utilisent régulièrement la litière, au lieu de faire leurs besoins dans un coin du séjour. Et si un chat squatte une boîte particulière, l'autre aura quand même un endroit où aller.

Autre règle essentielle : disposer une litière à chaque niveau de votre maison. Il faut que les boîtes soient facilement accessibles pour être à coup sûr utilisées. Dans votre cas, votre plus vieux chat aura peut-être des difficultés à monter et descendre les escaliers. Il aura besoin – et il mérite – d'avoir des toilettes facilement accessibles à chaque niveau.

Quant à l'endroit ad hoc, sachez qu'il est crucial pour un chat quand il s'agit de litière. Les chats aiment que leur boîte se trouve dans un lieu tranquille qui préserve leur intimité. Dans votre maison, cela peut signifier un coin, de votre patio clos, d'un cabinet de travail ou de la salle de bains principale comme vous le suggériez. Résistez à la tentation de fourrer vos litières dans une buanderie, ou une cave sombre et humide. D'accord, ces endroits sont hors de votre vue, mais vos chats peuvent les trouver bruyants et dangereux. Et moins ces boîtes seront commodes à entretenir, moins souvent vous les nettoierez.

Ne disposez jamais les litières près des bols d'eau et de nourriture. L'idée que cette disposition rappellera à vos chats qu'il faut utiliser les toilettes après un repas est une idée fausse. Vous avez beaucoup plus de chances de provoquer le boycott de la litière, parce que les chats n'aiment pas se soulager là où ils mangent et boivent.

Pour finir, disposez vos litières de telle façon qu'elles offrent une entrée tentante ainsi qu'une voie de sortie. C'est important pour éviter que le chat utilisant la litière ne soit dérangé ou tourmenté par un second chat, un chien ou des invités. N'oubliez pas d'escorter vos matous jusqu'à chaque nouvelle litière, afin qu'ils connaissent leurs différentes options.

Un dernier conseil : si vous avez des chiens, surtout du genre à faire une incursion dans la litière, disposez une grille de bébé en travers de la porte de la pièce contenant la litière. J'utilisais une grille à barreaux verticaux et je la positionnais à environ 15 cm du sol. Mes chats avaient le choix entre sauter par-dessus la grille ou se faufiler dessous, et elle empêchait Chipper, mon chien de 28 kg, de faire des visites surprises. Les barreaux verticaux sont mieux que les horizontaux qui peuvent permettre à un chien intelligent d'escalader la grille et de sauter par-dessus.

Commencer à zéro

Très souvent, si un chat n'utilise pas sa litière, c'est parce qu'il est malade. Une infection de la vessie ou des voies urinaires, des parasites intestinaux : les causes sont nombreuses. Si un chat éprouve des douleurs en urinant ou en déféquant, il peut associer la douleur à la boîte elle-même et aller se soulager ailleurs pour tenter de trouver un endroit plus confortable. Chaque fois qu'un chat manifeste un changement dans ses habitudes d'élimination, la première chose que doit faire son propriétaire c'est de prendre rendez-vous pour un examen vétérinaire approfondi, afin d'éliminer toute cause physique à ce changement. Écoutez ce conseil : si votre chat est incapable d'uriner pendant deux jours, contactez d'urgence un vétérinaire. C'est en effet une question de vie ou de mort, parce qu'au bout de deux jours sans uriner un chat peut mourir de blocage des reins.

Nouvelle maison, nouveau problème

Q J'ai un Shorthair castré domestique de trois ans nommé Winston. Mon mari et moi, nous avons récemment déménagé d'un appartement de trois pièces dans une maison individuelle comportant quatre chambres à coucher. N'ayant pas vu d'urine dans la litière, j'ai enquêté et découvert que Winston avait uriné sur un carton non vidé dans l'une des chambres inoccupées. Nous avons installé un matelas dans la cave pour avoir un endroit où s'asseoir en attendant un canapé, et Winston a également uriné dessus. Le problème, c'est que nous avons commandé un canapé neuf. Comment nous assurer qu'il ne va pas uriner dessus aussi ?

R Les chats se comportent en Zorro du monde des animaux de compagnie. Ils aiment laisser leur marque sur leur territoire. La plupart du temps, ils le font en frottant les glandes sudoripares de leurs pattes, joues, face et queue sur différents endroits de la maison. Mais parfois ils le font avec de l'urine pour affirmer leur droit de propriété, pour communiquer avec d'autres chats de la maison, ou avec ceux qui rôdent dehors.

Les chats d'intérieur protègent leur territoire aussi soigneusement que les chats d'extérieur. La maison représente pour eux la sécurité et le confort. En outre, les chats adorent la routine et détestent le changement. Il n'est pas rare qu'un chat, transplanté dans une nouvelle maison, « oublie » ses habitudes de propreté. Winston fait ce qui vient naturellement à l'idée d'un chat nerveux – il marque son nouveau territoire de son odeur, une façon de se sentir davantage chez lui. Les objets dont vous parlez retiennent des odeurs familières de votre ancien appartement qui manquent à Winston, et pour augmenter sa confiance, il sent peut-être le besoin de renforcer son empreinte sur eux.

Les études vétérinaires ont identifié plusieurs causes communes au marquage par l'urine : interactions avec d'autres chats hors de la maison, interactions avec des chats de la maison, accès limité à l'extérieur, déménagement dans un nouveau foyer, et changement dans l'horaire quotidien du propriétaire.

Les chats des deux sexes pratiquent le marquage par l'urine. Ils utilisent l'odeur forte et âcre de leurs urines pour attirer les femelles des alentours. Heureusement, votre chat est castré, ce qui en adoucit l'odeur.

Vérifiez qu'une maladie ne provoque pas l'oubli de ses habitudes. S'il est en bonne santé, l'étape suivante sera de rendre votre nouveau foyer plus accueillant pour Winston.

Commencez par lui donner une nouvelle boîte garnie d'une litière fraîche. Nettoyez la boîte tous les jours. Limitez l'accès de Winston à différentes parties de la maison quand vous n'êtes pas là, et interdisez-lui définitivement la cave. Ne lui criez pas dessus et ne le frappez pas. Vous ne feriez qu'augmenter son stress et l'encourageriez sans doute à accroître ses marquages. À mesure qu'il se sentira plus à l'aise dans son nouvel environnement, vous pourrez peu à peu lui permettre l'accès au reste de la maison.

L'urine contient des phéromones qui renseignent sur la santé et l'humeur d'un chat.

Il existe un produit du nom de Feliway, dont il a été prouvé qu'il est efficace pour réduire les marquages comportementaux par l'urine. Le Feliway est une version chimique de la phéromone faciale féline. Le produit agit parce que les chats ont tendance à ne pas marquer les lieux à l'urine là où ils ont déjà laissé leurs phéromones faciales.

Ce produit se présente en bombe à pulvériser ou en diffuseur à brancher dans une prise de courant. Le diffuseur émet cette odeur synthétique (que les humains ne sentent pas) 24 heures sur 24, et dure environ un mois. Vous pouvez pulvériser du Feliway sur les marquages à l'urine et les objets domestiques tels que canapés, rideaux et chambranles de portes, sans craindre les taches.

Dans les cas extrêmes, les chats qui marquent leur territoire à l'urine peuvent avoir besoin de médicaments calmants pendant un certain temps. Des études ont montré que ces médicaments peuvent réduire les marquages à l'urine jusqu'à 75 %. Je vous conseille d'agir en étroite association avec votre vétérinaire dans l'administration de ces médicaments, puis de les arrêter progressivement.

Nous avons la chance de disposer aujourd'hui de beaucoup plus d'« armes » qu'il y a une décennie contre les marquages par l'urine, mais il faut toujours de la patience, de la logique et le respect des recommandations d'un vétérinaire ou d'un comportementaliste pour vous assurer du succès.

Est-ce asperger ou marquer ?

Ces termes peuvent être utilisés de façon interchangeable. La seule différence est la position du corps, et parfois le volume d'urine relâché.
Asperger se produit quand un chat recule jusqu'à une surface verticale et qu'il relâche son urine debout. Les mâles et les femelles aspergent, bien que ce comportement soit plus fréquent chez les mâles entiers, qui aspergent en guise de réclame sexuelle, ou de menace envers d'autres mâles.

• **Marquer** se produit quand un chat s'accroupit et urine sur une surface horizontale, telle qu'un lit. Ce comportement est déclenché par un stress émotionnel ou une appréhension générale (par exemple, en voyant leur maîtresse bien-aimée remplir une valise).

• **Asperger et marquer** doivent être distingués en tant que questions comportementales. Toutefois, n'oubliez pas que certains chats dédaignent leur litière parce qu'ils n'aiment pas l'endroit où se trouve la boîte, qu'ils détestent le type de litière (surtout parfumée au citron), ou qu'ils sont incapables de faire leurs besoins dans la boîte à cause d'un problème de santé.

Fuyard de litière

Coco, Siamoise de huit ans, me fut décrite par sa propriétaire comme une chatte pacifique et à l'aise avec les visiteurs. Betty me dit qu'elle avait adopté Coco à l'âge d'un an dans une société humanitaire. Betty adorait sa nature câline et ronronnante, mais devint perplexe quand Coco se mit à déféquer en dehors de sa litière, choisissant les pièces moquettées. Cela se produisait plusieurs fois par semaine.

Des examens médicaux permirent d'exclure tout problème de santé comme raison de ce changement dans ses habitudes de propreté. J'ai expliqué à Betty que certains chats défèquent hors de leur boîte pour marquer leur territoire. Toutefois, dans le cas de Coco, étant donné son tempérament détendu, la raison la plus probable en était une préférence pour une surface ou un matériau (moquette contre litière), plutôt qu'une motivation territoriale. Le jeu consista donc à ce que Betty nettoie le lieu souillé avec un produit bactéricide ou enzymatique, neutraliseur d'odeurs pour enlever complètement l'odeur des déjections, qui peut être un stimulant très fort pour retourner à la même place. Ensuite, j'ai suggéré à Betty de tenir un journal des lieux et heures où Coco éliminait, pour aider à choisir la meilleure place pour la boîte à litière.

Betty m'avoua qu'elle avait surpris Coco une fois en flagrant délit et qu'elle l'avait grondée, de sorte que Coco s'était enfuie de la pièce. Je lui ai expliqué que gronder Coco ne mettrait pas fin au comportement indésirable. En fait, cela pourrait pousser Coco à continuer quand Betty ne serait pas là.

Pour interrompre le cycle, j'ai dit à Betty de confiner Coco dans une pièce sans moquette avec une nouvelle litière pendant quelques jours. La pièce comportait des aménités félines, tels que des jouets, un arbre à chat, une fenêtre avec vue, de la nourriture, de l'eau et un lit chaud. À la place de la boîte couverte qu'utilisait Coco, j'ai préconisé une boîte ouverte parce que certains chats urinent volontiers dans une boîte couverte, mais préfèrent ne pas être enfermés quand ils défèquent.

Parce que Betty avait une grande maison, je l'ai également incitée à avoir une seconde boîte à litière et de remplir les deux d'une litière inodore, à la place de la litière parfumée qu'elle utilisait jusque-là. Je lui ai dit que l'épaisseur devait en être de cinq à dix centimètres, et d'en enlever les déjections tous les jours. Finalement, je lui ai dit de rendre l'endroit cible de la moquette moins attirant, en collant du scotch double face sur un bout de carton à poser sur la cible. Elle a aussi pulvérisé un parfum citronné pour décourager Coco de passer du temps dans les lieux moquettés.

Avec la nouvelle litière, la boîte ouverte, et la moquette collante parfumée au citron, Coco retourna régulièrement se soulager dans sa litière.

(Contribution d'Alice Moon-Fanelli, Comportementaliste animale certifiée.)

Mon chat fait pipi sur mon lit

Q Par plaisanterie, je donne à Benny, mon chat castré de trois ans, le sobriquet de Velcro parce qu'il ne se décolle pas de moi et me suit de pièce en pièce quand je suis à la maison. Il dort également sur mon lit toutes les nuits, s'y installant souvent avant moi. Tout allait bien jusqu'au jour où j'ai adopté un petit chiot du nom de Gracie, qui a environ huit mois et est très gentille. Benny crache sur elle et ça ne lui plaît pas du tout quand Gracie tente aussi de dormir sur le lit la nuit. En plusieurs occasions, Benny a fait pipi sur le lit. Que puis-je faire pour que Benny accepte Gracie ?

R Certains chats anxieux ou « uniques » dans un foyer deviennent très attachés à leurs propriétaires. Pour paraphraser une citation shakespearienne : « Oh ! Prenez garde, Monseigneur, à la jalousie ! C'est le monstre aux yeux verts qui produit l'aliment dont il se nourrit ! » Benny ne va pas laisser un misérable chiot s'imposer par la force et menacer sa place de "Premier Chat "de la maison. Comme votre prince pipi ne peut pas engager la conversation avec Gracie, il le lui dit de la meilleure façon qu'il connaisse, en marquant de son urine le territoire disputé.

Je vous conseille de donner à Gracie son propre lit dans votre chambre. Motivez-la à s'y installer en laissant des friandises sur son lit le soir. Pensez-y comme à la version canine des bonbons à la menthe laissés sur votre oreiller dans certains hôtels de luxe. Vous aurez peut-être besoin de renforcer ce nouvel arrangement nocturne en disant calmement « descends » si elle saute sur votre lit. Renvoyez-la à son propre lit et récompensez-la de s'y coucher. Gracie devrait être contente d'être dans la même pièce que vous et que son camarade félin, Benny.

Renforcez le rang de Benny en le saluant le premier quand vous rentrez chez vous, et nourrissez-le avant Gracie. Benny enregistrera tout cela et remarquera que Gracie occupe le rang n° 3 dans le foyer. Le temps est votre allié. À mesure que Benny comprendra que ce mignon chiot ne s'en va pas mais qu'il règne toujours en « dominant » dans la maison, il reprendra son assurance, et n'aura plus besoin de marquer son territoire.

Je vous conseille également de fermer la porte de votre chambre quand vous vous absentez, et ce, jusqu'à ce que vous alliez vous coucher, afin d'en limiter l'accès à Benny. Pour débarrasser votre literie de l'odeur de son urine, lavez-la à fond avec un produit enzymatique protéiné disponible dans les magasins spécialisés ou chez votre vétérinaire.

Embarrassés par la situation éliminatoire

Q Nous avons adopté un chaton de douze semaines en pleine santé. Nous l'avons d'abord enfermé dans la salle de bains la nuit et quand nous n'étions pas à la maison. Il urinait alors dans la litière, mais déféquait dans la baignoire. Maintenant qu'il a grandi, il peut aller partout dans la maison. Nous veillons à ce que sa litière soit toujours propre, en sortant tous les jours ses déjections. Mais il continue à déféquer sur le carrelage près de sa litière. Je suis fatiguée de nettoyer ses saletés. Qu'est-ce que je peux faire pour qu'il utilise sa litière ?

R Votre grande chance, c'est que votre chaton cible un carrelage facile à nettoyer plutôt que des tapis ou des meubles. S'étant habitué à la surface lisse de la baignoire, il continue à utiliser une surface familière. Ce que votre chat, jeune mais astucieux, essaye de vous dire, c'est qu'il n'est pas fou de sa boîte de litière, de sa forme ou de sa taille, de l'endroit où elle est placée et/ou de la litière qu'elle contient. Trop souvent, les gens oublient qu'il faut considérer la boîte à litière du point de vue du chat et non de celui de ses propriétaires. N'oubliez pas qu'uriner prend moins de temps que déféquer. Votre chaton n'aime peut-être pas passer beaucoup de temps dans sa boîte, et choisit de déféquer à côté.

La boîte est peut-être trop petite, trop grande, ou la litière trop épaisse à son goût. Essayez d'ajouter une seconde boîte de taille différente et non couverte, et placez-la près du lieu de ses « crimes défécatoires », mais ne mettez dedans aucune litière. Laissez-la vide, ou placez une toile cirée à l'intérieur pour créer une surface lisse qui attirera votre chaton. Vous découvrirez peut-être qu'il apprécie ces toilettes félines faites sur mesure pour lui convenir.

Comme lors de tous les problèmes d'élimination, vous devez le faire examiner à fond par votre vétérinaire pour vous assurer qu'il n'existe aucun problème médical. Certains mâles entiers se livrent à des marquages fécaux pour établir leur territoire, alors si ce n'est pas encore fait, prenez rendez-vous pour le faire castrer. Généralement, cela diminue les problèmes d'élimination inopportuns, et réduit aussi le risque qu'il développe un cancer de la prostate.

Identifier le coupable

Si vous partagez votre foyer avec deux ou plusieurs chats et que l'un boycotte la litière, comment identifier le coupable ?

Si le coupable défèque en dehors de la boîte, donnez à l'un des chats quelques gouttes d'un colorant rouge ou vert, directement dans sa bouche ou dans un aliment pour chat. Ses selles seront plus colorées que celles des autres chats. Si vous avez plus de deux chats, attendez quelques jours et testez un autre chat, ou donnez aux chats des couleurs différentes, ce qui est un peu plus efficace !

Si uriner hors de la litière est le problème, demandez à votre vétérinaire un colorant ophtalmique fluorescent qui s'administre oralement. Ne vous inquiétez pas - ce n'est pas toxique pour votre chat. La nuit, vous promènerez une lumière noire dans la maison à la recherche de taches d'urine, qui, étant fluorescentes, apparaîtront nettement.

Une fois que vous aurez identifié le chat qui dédaigne la litière, prenez rendez-vous avec votre vétérinaire pour exclure toute cause médicale possible. Avant de recourir aux tactiques comportementales décrites dans ce chapitre.

Hurler dans la litière

Q Mon chat, Billy, a toujours utilisé sa litière depuis tout bébé. Il a maintenant neuf ans, et c'est un chat d'intérieur. Il n'y a pas eu de changements dans la routine du foyer. Pas de pensionnaires récents, pas de nouveaux meubles, et pas de changements dans ce qu'il mange. Dernièrement, j'ai remarqué que Billy faisait de fréquents voyages jusqu'à sa litière mais qu'il urinait très peu. Parfois il s'accroupit, mais sans résultat, et il hurle comme s'il souffrait. Que se passe-t-il ?

R Quand un chat bien éduqué évite soudain sa litière et qu'il n'y a pas eu de changements dans la routine quotidienne, la cause en est généralement médicale ou comportementale. De grâce, faites examiner Billy immédiatement. Il souffre peut-être d'une infection des voies urinaires inférieures. Il en manifeste tous les signes classiques : fréquentes visites aux toilettes, des gouttes au lieu de flaques, et de la souffrance.

À son âge, il y a aussi un risque de maladie des reins, de diabète (surtout s'il est en surpoids), d'hyperthyroïdisme ou de maladie du foie. Ces maladies peuvent rendre l'élimination douloureuse. De plus, l'arthrite, une infection du sac anal, et la perte de sa vision peuvent lui rendre difficiles l'entrée et la sortie de sa boîte. Le traitement de ces affections peut aider à résoudre son problème comportemental. Pensez aussi à ajouter une ou plusieurs boîtes à litière supplémentaires (essayez-en avec des côtés assez bas) et placez-les dans les endroits que Billy fréquente le plus. Ces stratégies l'aideront peut-être à revenir à une utilisation plus normale de la litière.

Tactiques pour éduquer à l'usage des toilettes

Q J'adore ma chatte, Foly, mais pas sa litière. J'en déteste l'odeur et la souillure, et je déteste changer la litière. Je vis dans un appartement où j'ai des toilettes indépendantes et des toilettes dans la salle de bains. Récemment, j'ai commencé à travailler à la maison. Je n'ai pas envie de nettoyer la litière tous les jours, ni même de la nettoyer toutes les semaines, et je n'ai certainement pas envie de travailler à côté dans mon petit appartement. J'ai entendu parler de chats qui font leurs besoins sur des toilettes pour humains. Foly est une chatte intelligente, et sociable, et je crois que je pourrais l'éduquer à le faire. Qu'en pensez-vous ?

R Éduquer un chat à faire ses besoins dans sa litière n'est pas donné à tout le monde, ni à tous les chats. Pourtant, c'est plus facile que vous pourriez le croire. Certains chats apprennent en trois semaines, mais la plupart ont besoin de deux mois. Les clés de la réussite sont la patience et la persévérance. Cette éducation peut être salissante au début, vous devrez donc nettoyer soigneusement votre salle de bains pour Foly, vous et vos invités.

Les chats dominants et pleins d'assurance constituent les meilleurs candidats, parce qu'ils ont tendance à ne pas couvrir leur urine et leurs selles dans la litière. Les chats doués de cette personnalité sont plus extravertis et prêts à apprendre. Mais cette éducation peut se révéler plus éprouvante avec des chats timides et soumis. En général, ces félins préfèrent couvrir leurs déjections pour chasser les odeurs, et ils n'apprécient pas les changements de routine.

Avant tout, avez-vous ce qu'il faut pour être une bonne éducatrice ? Les chances de succès sont plus grandes pour les personnes qui s'intéressent sincèrement à leurs chats, qui sont suffisamment motivées, et qui sont très patientes. Celles qui n'aiment pas nettoyer la boîte et qui veulent économiser sur la litière sont les plus aptes à dresser leur chat. On dirait que c'est votre cas.

Cette tactique fonctionne mieux si vous avez des toilettes réservées à votre chat, et d'autres pour vous et vos invités. Vous devrez fermer la porte de ces dernières pour que votre chat n'ait pas accès aux toilettes qui nous sont exclusivement réservées, mais laissez toujours les premières ouvertes.

Avant de commencer, réunissez les produits suivants : de la litière jetable dans les toilettes, du scotch, de la toile cirée ou du papier plastique de cuisine pour tapisser la boîte à litière, une boîte à litière, des journaux et un plat à rôtir en aluminium. (25 × 30 cm, et 7,5 cm de profondeur). Quand vous aurez tout rassemblé, conformez-vous aux étapes suivantes pour l'éducation de votre chat.

1 Mettez sur la porte une pancarte signalant CHAT EN COURS D'ÉDUCATION et une autre au-dessus des toilettes annonçant : LAISSER LE COUVERCLE RELEVÉ EN PERMANENCE.

2 Pendant cinq à sept jours, posez la litière sur une solide pile de journaux de 7 cm d'épaisseur. De temps en temps, récompensez votre chat d'une friandise quand il utilise la boîte.

3 Tous les deux jours, surélevez la boîte de sept à douze centimètres avec des journaux, jusqu'à ce qu'elle soit au niveau des toilettes. Votre chat peut alors commencer à marcher sur la lunette. Complimentez-le.

4 Posez la boîte sur l'abattant des toilettes pendant deux jours afin d'habituer votre chat à être sur les toilettes.

5 Remplacez la boîte par le plat en aluminium rempli de sept centimètres de litière. Introduisez le plat à l'intérieur de la cuvette, le collant aux parois avec du scotch. Refermez la lunette (pas le couvercle) sur le plat pendant une semaine.

6 À l'aide d'un tournevis, faites un trou de la dimension d'une pièce de deux euros au centre du plat en aluminium. À ce stade, saupoudrez le plat d'un peu de litière jetable,

pour ne pas boucher vos toilettes. Tous les jours, agrandissez le trou. Au bout de deux semaines, coupez tout le fond du plat.

7 Quand le chat a pris l'habitude d'utiliser les toilettes, enlevez le plat et le scotch. N'oubliez pas de laisser le couvercle relevé, pour que votre chat puisse garder son équilibre sur la lunette. Important : ne tirez jamais la chasse d'eau quand le chat est sur la toilette !

Procédez lentement, et attendez-vous à des déceptions. Si Foly fait une faute, revenez en arrière pendant quelques jours pour renforcer le comportement correct. Cela peut sembler frustrant, mais c'est la seule façon de surmonter la résistance à un nouvel apprentissage. Vous devez aussi prendre l'habitude de toujours laisser la porte des toilettes ouverte 24 heures sur 24 et l'abattant des toilettes relevé. Sinon, vous risquez les accidents et des problèmes de comportement.

Une fois que Foly aura maîtrisé cette pratique, vous pourrez épater vos invités en faisant parade de ses talents « défécatoires ». Et vous pourrez jouir du plaisir de ne plus jamais avoir à changer la litière. Au fait, les kits d'éducation au « pot » pour chats, ça existe. Certains sont disponibles en ligne auprès des fabricants de produits pour animaux de compagnie.

Perplexe devant la préférence pour le plastique

Q J'ai lu quelque part que les chats n'aiment pas la sensation du plastique. Alors, pour que mon chat arrête de faire pipi sur mon canapé, mon lit et certains endroits des tapis, j'ai étendu dessus de grandes feuilles de plastique. Devinez ce qui arriva ? Il fait maintenant ses besoins plus souvent sur le plastique que dans sa litière. Il urine aussi sur les sacs en papier du supermarché si on les laisse vides par terre dans la cuisine. C'est un chat d'intérieur castré d'environ quatre ans. Comment puis-je l'empêcher d'uriner sur le plastique ?

R Le plastique dissuade souvent les chats d'uriner au mauvais endroit, mais à l'évidence, votre chat fait exception à cette règle. Certains chats préfèrent éliminer sur une surface lisse que sur une couche de litière, et iront uriner dans la boîte qu'on vient de nettoyer, avant que les propriétaires n'aient le temps d'y remettre de la litière. Cela dépend des préférences personnelles du félin. Si vous avez écarté toutes les raisons médicales pouvant justifier ce comportement, donnez à votre chat une boîte à litière propre en mettant dedans très peu ou pas du tout de litière.

Tout en travaillant à rendre la boîte plus attirante pour votre chat, il faut vous montrer plus astucieuse que lui en employant d'autres matériaux moins attrayants. Pensez à des lanières de papier d'aluminium à disposer sur les endroits cibles. Ou, mieux encore, allez dans votre magasin spécialisé habituel et achetez un scotch double face appelé Sticky Paws – Pattes collantes. Ce produit ingénieux se présente en lanières et en feuilles et peut se disposer dans les endroits où les chats ne devraient pas aller. Les chats détestent la sensation collante sur leurs pattes et éviteront bientôt ces endroits. Vous pouvez en confectionner une version personnelle en couvrant du carton avec du papier vinyle autocollant, (côté collant sur le dessus) pour les endroits étendus où vous ne voulez pas voir votre chat. Une feuille ou une grande serviette imprégnée d'une odeur répulsive peut également être efficace.

Ne vous inquiétez pas. Le décor de votre intérieur ne sera perturbé que temporairement. La plupart des chats commenceront à éviter ces endroits au bout de quelques semaines. Vous pourrez alors retirer vos produits dissuasifs.

Attaques dans la boîte à litière

Q J'ai une Persane, adorable et timide, nommée Princesse, et un intrépide Abyssin nommé Max. J'ai acheté Princesse avant d'acheter Max encore chaton il y a environ un an. Princesse a trois ans. Ils s'entendent bien jusqu'au moment où Princesse essaye de faire ses besoins dans la litière. Max adore la guetter et lui sauter dessus quand elle s'y risque. La boîte à litière se trouve dans un coin du placard de la chambre d'amis. Je crie sur Max, mais sans résultat. La pauvre Princesse est en train de se transformer en un paquet de nerfs. Elle n'a pas fait de saleté en dehors de la boîte, mais j'ai peur qu'elle ne s'y mette. Vous avez des conseils ?

R Les chatons seront toujours des chatons, mais ce comportement n'est pas acceptable. Dans une situation multi-chats, un chat dominant tourmentera un chat timide. En tant que race, les Persans ont tendance à être tranquilles, câlins, et à fuir les confrontations. D'autre part, les Abyssins sont plus extravertis et audacieux. De plus, Max est plus jeune et plus turbulent, alors que Princesse a déjà derrière elle ses sottises de bébé.

Avec une unique litière située dans le coin d'un placard, Princesse n'a aucun moyen d'évasion quand elle est attaquée. Elle se sent piégée, et vous avez raison de craindre qu'elle ne se mette un jour à uriner secrètement derrière le canapé et dans d'autres lieux. La première chose à faire, c'est d'ajouter deux boîtes de litière. Le nombre de litières recommandé est une par chat plus une. Max ne peut pas surveiller trois boîtes à la fois. Avec davantage de litières à sa disposition, il se sentira moins enclin à protéger « la sienne ».

Disposez les nouvelles litières dans des pièces différentes. Posez-les loin des murs et dans des endroits plus ouverts pour que Princesse ait une bonne vue de la pièce et de la porte. Cela lui donnera un peu plus de temps pour voir arriver Max et se préparer.

Pour tentant que ce soit, ne criez pas sur Max. Vous ne ferez qu'accroître la tension et l'anxiété des deux animaux. À la place, faites diversion pour Max quand vous voyez Princesse se diriger vers une litière, en jouant avec lui ou en le soudoyant avec une friandise. Finalement, si Max n'est pas encore castré, n'attendez pas davantage.

Chasser les odeurs et anéantir les taches

Malheureusement, la plupart des nettoyants domestiques ne masquent que temporairement l'odeur âcre de l'urine, des vomissures et des selles qui fermentent obstinément dans les fibres de vos tapis ou le bois de vos parquets. Mais vous n'êtes pas obligée de vivre dans une maison qui fleure la ménagerie. La douce odeur du succès exige la compréhension de base de la composition chimique des urines, des vomissures et des selles. Composés aminés organiques, le soufre, l'ammoniaque, et le mercaptan, ces composés riches en carbone et en azote attirent naturellement les bactéries de la maison. Les odeurs âcres qui semblent empirer après l'usage de certains nettoyants domestiques sont le résultat de sous-produits volatiles créés par le processus bactériologique normal.

Attaquer les déjections avec des nettoyants domestiques ou des solutions maison à l'ammoniaque ou au vinaigre peut accroître la puanteur et consolider les taches, plutôt que les éliminer. L'ammoniaque est un sous-produit de l'urine, et s'en servir renforce l'odeur au lieu de la chasser. Le vinaigre agit essentiellement en tant que désinfectant, et souvent n'empêche que temporairement les bactéries environnementales de produire l'odeur.

Une autre erreur courante consiste à tenter de nettoyer les tapis souillés avec un nettoyeur à vapeur. Ces appareils conviennent parfaitement pour enlever les saletés ordinaires, mais la chaleur cuit les taches organiques dans les fibres, laissant une odeur permanente.

Le temps est l'élément clé. Plus vite vous enlevez l'urine, les vomissures et les selles fraîches, moins il y aura d'odeurs résiduelles. Les crottes sont relativement faciles à ramasser avec du papier ménager ou un sachet en plastique, Mais les taches d'urine posent un problème plus difficile à résoudre. À moins de remplacer le tapis ou de revernir le parquet, voici quelques conseils pour une maison fleurant bon.

▶ **Épongez l'urine.** Enlevez-en la plus grande quantité possible en l'absorbant avec des serviettes en papier, du papier journal ou de vieux chiffons en coton. Continuez à peser sur ces matériaux jusqu'à ce que vous ne voyiez plus de taches jaunes. Frotter ne fait que pousser l'urine plus profondément dans le tapis.

▶ **Neutralisez l'odeur.** Appliquez un nettoyant enzymatique spécial animaux domestiques sur l'endroit souillé. Suivez les instructions du fabricant, et laissez la solution agir avant de l'éponger en marchant sur le papier ou les chiffons en coton.

▶ **Soyez patiente.** Les produits enzymatiques ont besoin de 24 heures pour nettoyer avec succès l'endoit souillé. Deux nettoyants enzymatiques très efficaces sont Nature's Miracle (Miracle de la Nature) et Zero Odor (Zéro Odeur).

▶ **Sortez le bicarbonate de soude.** Pour la literie souillée d'urine et autre matériaux lavables en machine, ajoutez à votre détergent 500 grammes de bicarbonate de soude et lavez à l'eau froide. Le bicarbonate de soude absorbe naturellement les odeurs, et décourage la prolifération des bactéries. Evitez l'eau chaude parce que la chaleur peut cuire l'odeur dans le tissu.

▶ **Repérez les vieilles taches.** Les vieilles souillures, surtout d'urine, peuvent être difficiles à repérer. Si vous ne pouvez pas localiser une tache par l'odeur, achetez une ampoule noire chez votre quincaillier. Éteignez les lumières la nuit et passez le sol en revue avec cette lampe. Les taches d'anciennes souillures émettent une fluorescence verdâtre. Entourez à la craie (ou à l'aide de tout autre marqueur facilement effaçable) les vieilles taches pour procéder à un nettoyage complet.

CINQUIÈME PARTIE

Les bases de l'alimentation et du toilettage

Les chats sont nés pour se toiletter. Vraiment. En fait, si vous enregistrez 24 heures de la vie de votre chat, vous découvririez qu'il passe un tiers de ses heures de veille à entretenir sa robe. Quand avez-vous consacré autant de temps à vos cheveux pour la dernière fois ?

Quand les chats ne sont pas en train de se toiletter ou de dormir - ou de rêvasser à se toiletter ou dormir – ils mangent ou pensent à manger. Le reste du temps se passe à trouver des genoux accueillants, à jouer avec des souris jouets, et, à l'occasion, à harceler le chien familial pour le chahuter.

L'une des raisons pour lesquelles vous avez décidé d'adopter un chat est peut-être sa réputation d'animal méticuleux. Après tout, on n'entend jamais personne déclarer avec dégoût : « Pouah ! Il sent le chat ! » Non, cette remarque est réservée aux chiens – et aux chaussettes sales. Vous n'entendez jamais non plus le terme de chat obèse, quoiqu'il ne manque pas de félins rebondis, à faire honte aux chiens en surcharge pondérale.

Dans ce chapitre, je partage quelques secrets sur deux des passe-temps favoris des félins : se toiletter et manger.

Sauver la face après être tombé en disgrâce

Q Je sais que les chats sont agiles et qu'ils ont un très bon équilibre. Alors je ne peux pas m'empêcher de rire quand mon chat, Chandler, méjuge de la distance qui le sépare du rebord de fenêtre, saute, rate sa cible, et se retrouve par terre. Il n'y a pas grande distance entre le rebord de la fenêtre et le sol, et il ne se fait jamais mal. Quand cela arrive, il se met immédiatement à se toiletter. Chandler est un chat noir à poil court d'environ quatre ans. Sa robe est toujours propre et brillante. Pourquoi se toilette-t-il après une chute ?

R Les chats sont des créatures pleines de dignité. Bien qu'ils se montrent souvent joueurs ou bêbêtes, ils sont facilement déconfits face aux surprises ou aux événements imprévus. Beaucoup de propriétaires de chats remarquent que leur chat se détourne vivement d'une expérience inattendue et se lance dans un mini-toilettage. Pour les chats, le toilettage a d'importantes fonctions, au-delà de la santé et de la propreté. Les nombreux bénéfices du toilettage commencent à la naissance.

Les mères chattes nettoient méticuleusement leurs chatons. Leurs vigoureux coups de langue transmettent le pouvoir du toucher, et fortifient le lien émotionnel entre la mère et les chatons. Les membres d'une portée et les chats qui partagent une même maison se toilettent souvent mutuellement pour développer leur lien social. Le toilettage aide aussi les chats à éliminer le stress. Les experts vétérinaires nous apprennent que le rythme cardiaque du chat ralentit quand il se toilette.

Quand les chats sont surpris à faire quelque chose qui les stupéfie ou les étonne, ils se mettent instinctivement à se toiletter, ce qui est une façon de se calmer, de se remettre les idées en place et de retrouver leur dignité. Comme s'ils disaient : « Quoi ? Je suis tombé ? Vous plaisantez sans doute. Je suis simplement en train de me faire beau. »

Bien qu'il soit difficile de résister à la tentation de rire, tâchez de dissimuler votre hilarité. À la place, appelez-le pour lui gratter la tête ou lui donner une friandise. Il appréciera.

Toiletteur à la rescousse

Q Mon chat, Zeus, a 18 ans. Je l'ai depuis sa plus tendre enfance. C'est un tigré rayé brun à poil court. Je n'ai jamais beaucoup pensé à sa fourrure, parce qu'il la garde toujours propre et soignée. Mais dernièrement, j'ai remarqué que ma chatte, Vénus, qui a six ans, s'est mise à toiletter Zeus. Elle lui lèche la tête, l'intérieur des oreilles, et même la base de la queue. Je pensais que les chats étaient des créatures solitaires. Pouvez-vous m'expliquer pourquoi Vénus toilette Zeus ?

R Contrairement à l'idée répandue mais fausse selon laquelle les chats sont des solitaires, ils tissent fréquemment des liens sociaux étroits. Vénus et Zeus partagent la même maison, les mêmes propriétaires. Ils font partie d'une famille harmonieuse. Le toucher est, pour eux, une manière importante de communiquer. Vénus exprime son affection pour son aîné de la meilleure façon – en l'aidant à garder sa robe propre et saine. Chez moi, Callie et Mocky en font autant pour Gus (alias Dude/Le Duc), mon tigré de 19 ans. Gus n'est pas aussi agile qu'il l'était dans sa jeunesse, et les deux chats plus jeunes semblent reconnaître qu'il est plus raide. Alors ils font équipe pour maintenir propres les parties de son corps difficiles à atteindre. Il ne proteste absolument pas.

Les chats qui passent beaucoup de temps ensemble, surtout les chats d'intérieur qui s'entendent bien, s'engagent souvent dans cette activité du genre : « Je te gratte le dos, tu me grattes le dos. » Cela renforce leur lien social. Ce toilettage social, connu sous le nom d'allotoilettage, est commun chez plus de quarante espèces d'animaux, dont les rats, les cerfs, les chiens, les singes et le bétail. En plus de son aspect social, ce toilettage mutuel permet de traiter les blessures, réduire les tensions, et chasser des insectes tels que les puces.

Même s'il est touchant de voir Vénus toiletter Zeus, je vous conseille de surveiller Zeus. S'il ne se toilette plus du tout, il se peut qu'il soit malade. Sans l'intervention toiletteuse de Venus, il y a de grandes chances que la robe de Zeus serait devenue sèche, terne et pleine de pellicules.

S'attaquer aux nœuds !

Vous pouvez venir à bout des nœuds d'un chat à poil long avec un large démêloir. Commencez doucement en séparant grossièrement les poils avec vos doigts, ou une corde. Tenant fermement à la base la mèche feutrée, commencez à la pointe et remontez doucement vers la peau avec le démêloir. Utiliser des ciseaux peut sembler la solution rapide, mais je vous la déconseille, car vous risqueriez de blesser accidentellement votre chat. Pour tous les nœuds que vous ne parvenez pas à défaire, je vous en prie, demandez l'aide d'un toiletteur professionnel.

Créer un minou glamour

Q **Récemment, notre famille a acquis une nouvelle chatte ravissante nommée Suzie, qui a une longue fourrure grise. J'adore le look poil long, mais sa robe s'emmêle facilement et elle a des nœuds sur les flancs et le ventre. Je pensais qu'elle se toiletterait toute seule, mais je réalise maintenant que j'ai besoin d'aide. J'ai essayé plusieurs fois de la peigner, mais je dois avoir trop tiré sur ses poils, et elle a craché. Maintenant, quand j'approche, brosse et peigne à la main, elle s'enfuit et se cache. Que puis-je faire pour que l'heure du toilettage devienne une expérience plus agréable ?**

R En général, les chats se toilettent très bien eux-mêmes, mais ils peuvent tous tirer avantage de l'assistance d'une personne armée d'une brosse. Sans soins quotidiens et réguliers, les chats à poil long et ceux chats à fourrure fine et vaporeuse peuvent facilement se transformer en clochard déguenillé au pelage feutré. Au printemps et à l'automne, les deux saisons pendant lesquelles les chats perdent le plus de poils, un peu de toilettage supplémentaire de la part de leurs amis humains les aide à se présenter sous leur meilleur jour.

Princesse, elle, associe la brosse et le peigne au tirage de poils, pas étonnant qu'elle vous fuie ! Et comme vous l'approchez sans doute avec hésitation et à contrecœur, vous lui donnez d'autant plus de raisons de se méfier. Il est temps de changer. Avez-vous jamais pris un cours de méditation ou de yoga ? Vous rappelez-vous les exercices d'inspiration et d'expiration profondes, partant du diaphragme ? Soyez calme et prenez de profondes inspirations quand vous travaillez avec Princesse. Si vous êtes détendue, elle sentira que vous ne lui ferez pas de mal.

Commencez vos premières séances de toilettage en lui parlant doucement et en la caressant légèrement de la tête à la queue. Faites que le mouvement soit lent et régulier, et arrêtez si elle veut s'en aller ou si elle est tendue. À mesure qu'elle se détend, la machine à ronronnements devrait se mettre en marche. Servez-vous de ce moment pour fouiller doucement sa fourrure à la recherche des nœuds, des boules, des bosses, des coupures et de la présence de puces. Et arrêtez-vous là pendant les quelques premières séances. Vous reconstruisez la confiance que Princesse avait en vous.

Pour les séances suivantes, armez-vous des bons outils : une corde, un démêloir, et une brosse douce en poil de chèvre. Il y a bien des modèles sur le marché, mais les meilleurs experts en toilettage recommandent un démêloir spécialement conçu pour les chats à poil long. La raison ? Vous voulez vous débarrasser des longs sous-poils qui provoquent les nœuds et le feutrage.

Enlevez d'abord tous les nœuds. Tenez le poil entre la peau et le nœud, et utilisez le démêloir. Votre second outil pour le ventre de Princesse devrait être une brosse pour chat qui lissera son poil. Terminez le toilettage en soulevant le poil avec le démêloir pour lui

donner du gonflant. (Pour éviter le feutrage, la plupart des chats à poil long doivent être peignés tous les jours, en enfonçant le peigne jusqu'aux racines.) Si le poil de Princesse est fin et soyeux, utilisez après la brosse un gant de toilettage conçu pour lisser la fourrure et la faire briller.

Effectuez des mouvements fluides avec le démêloir, dans le sens du poil. Commencez à la tête en allant vers la queue, puis passez aux pattes. Faites une pause, caressez Princesse et donnez-lui éventuellement sa friandise préférée. Si elle se débat, laissez-la s'en aller et recommencez le lendemain. Ne prévoyez pas de peigner toute sa fourrure en une seule séance. Contentez-vous d'attaquer une ou deux plaques feutrées par jour, jusqu'à ce qu'elles aient toutes disparu.

Prévoyez cinq minutes par jour pour devenir la toiletteuse personnelle de votre chatte. Choisissez un moment où vous êtes toutes les deux détendues, comme le soir quand vous lisez ou regardez la télévision, ou le matin quand vous vous réveillez et que Princesse est encore un peu endormie et qu'elle a faim. Tirez parti de son estomac vide en récompensant son bon comportement pendant le toilettage par des friandises. En un rien de temps, Princesse attendra avec impatience ces séances beauté avec vous.

Si Princesse est affligée de beaucoup de mèches feutrées, ou si le feutrage est trop proche de la peau pour le démêloir, vous pouvez l'emmener d'abord chez une toiletteuse professionnelle afin que sa fourrure retrouve sa splendeur première, puis vous pourrez l'entretenir par des soins maison quotidiens. Il ne faut jamais négliger un chat à poil long : les nœuds peuvent se transformer en boules feutrées qu'il faut raser. Un dernier conseil : les chats à poil long peuvent tirer avantage de bains réguliers, car leur fourrure retient les graisses corporelles et la poussière, ce qui aggrave le problème du feutrage. Et un bain élimine les poils morts plus efficacement qu'un brossage. Votre chat devra non seulement s'habituer à un bain régulier, mais aussi au séchage avec le sèche-cheveux. Un sèche-cheveux silencieux pas trop rapide sera l'idéal – la plupart des chats finissent pas en aimer la chaleur. Mais ils détestent les sèche-cheveux bruyants.

Manucure

Q Quand je prends ma chatte dans mes bras, elle enfonce ses longues griffes dans mon épaule et mon cou. C'est douloureux. Bien que ce soit une chatte d'intérieur, je n'ai pas l'intention de lui faire arracher les griffes. Comment puis-je lui rogner les ongles et sauver ma peau de ses écorchures ?

R Mes Chats, Callie et Mocky ont toutes leurs griffes et acceptent facilement qu'on leur coupe les ongles régulièrement. Pour vous aider à survivre à la séance de manucure, vous devez apprendre à penser comme un chat. S'il en a l'opportunité, un chat fuira la scène. C'est pourquoi je recommande que vous procédiez à cette séance de manucure dans une petite pièce, comme la salle de bains. Une fois qu'un chat a examiné son environnement et réalisé qu'il n'y a pas de possibilité d'évasion, il se soumet en général. Et dans le cas contraire, il est plus facile à attraper.

Commencez par jouer régulièrement avec les pattes de votre chat, pour l'habituer à ce qu'on lui touche les orteils. Pressez doucement les coussinets pour faire sortir les griffes. Faites cela quand vous le caressez ou que vous le toilettez.

Quand vous êtes prête à couper, sortez les outils dont vous aurez besoin : une pince à ongles, pour chats, une serviette épaisse, et une poudre antiseptique spéciale chats (au cas où vous couperiez l'ongle trop court et que ça saigne). Puis amenez votre chat dans la salle de bains et donnez-lui une friandise pour commencer l'opération de la bonne patte. Soyez optimiste. Même si cela peut paraître idiot, chantez un air joyeux. Peu importe si vous chantez faux – votre chat ne le dira pas à vos amis.

Ou du moins, parlez-lui d'un ton apaisant. Assise par terre ou sur une chaise, tenez votre chat le dos contre votre poitrine, de sorte que vous puissiez tenir une patte dans une main et utiliser la pince de l'autre.

Si votre chat gigote trop, ou cherche à griffer, enveloppez-le dans l'épaisse serviette, ne laissant dépasser que la tête et une patte antérieure. Tenez fermement la patte d'une main ; posez votre pouce en haut de la patte et vos autres doigts dessous, et pressez doucement pour faire sortir les griffes. Coupez vivement le bout de chaque ongle, en veillant à ne pas couper la veine courant entre chacun.

Info chat

Le record actuel du plus grand nombre d'orteils appartient à un chat du nom de Tiger, qui a 27 orteils et vit en Alberta. Ce nombre prodigieux de doigts lui vaut d'être dans le Guinness Book of World Records 2002.

Mettez-vous au diapason de vote chat. S'il gigote trop, alors ne faites qu'une patte à la fois. Vous ne voulez pas transformer une simple manucure en une bataille rangée. Voyez si une friandise pourra l'amadouer avant de vous attaquer à la deuxième patte. S'il est trop bouleversé, attendez et faites la seconde patte le lendemain. Selon le chat, vous devrez lui couper les ongles toutes les deux ou quatre semaines, alors faites de cette opération quelque chose d'agréable pour votre chat.

Si, accidentellement, vous coupez trop ras et entaillez le vaisseau sanguin, il va saigner. C'est là qu'intervient la poudre antiseptique. Saupoudrez l'ongle, laissez agir quelques secondes et appliquez une pression jusqu'à ce que le saignement cesse.

N'oubliez pas de le couvrir de louanges pendant l'opération. Quand vous aurez fini, ouvrez la porte et laissez votre chat sortir, ou s'enfuir. Comptez jusqu'à dix avant de sortir de la pièce, pour que le chat ne pense pas que vous le pourchassez. En général, quand je sors, je marche dans la direction opposée, et mes chats s'arrêtent dans le couloir, me regardent, et se mettent à se toiletter pour se calmer. Au bout d'une minute environ, ils se remettent à me suivre partout dans la maison comme d'habitude.

Goinfre félin

Q Ma chatte, Emma, se comporte comme un chien au moment des repas. Elle fait le tour de la table, passant d'une personne à l'autre en mendiant de la nourriture. Parfois, elle donne de petits coups de patte sur la jambe ou le genou. Le repas est devenu un conflit de volontés. Que puis-je faire pour profiter de mon repas et déshabituer Emma de cette mendicité ?

R Les chiens n'ont pas le monopole de la mendicité dans ce domaine, mais les chats sont plus discrets et mobiles. Ils vous regardent de leurs adorables yeux vert émeraude, ou vous tapotent doucement le menton d'une patte amicale quand vous vous préparez à porter votre fourchette à votre bouche. Ou bien ils atterrissent adroitement sur vos genoux, et se mettent à ronronner gentiment. Vous craquez et vous lui tendez un morceau pris dans votre assiette.

Vous comprenez le système ? Sans que vous le réalisiez, Emma vous a « dressés » à être à sa disposition. Certains chats développent leurs talents boulimiques à tel point qu'on peut dire qu'ils sont des aspirateurs de nourriture. Certains pique-assiettes évoluent jusqu'à devenir des voleurs intrépides qui sautent sur la table et volent dans les assiettes. D'autres acquièrent une telle préférence pour la cuisine humaine qu'ils dédaignent ce que vous mettez dans leur bol, et vous exploitent au point de vous faire cuisiner pour eux.

Il y a deux bonnes raisons de décourager cette mendicité à table. La première est votre tranquillité d'esprit, et la seconde la santé de votre chat. Si vous avez du mal à dire non à vos mendiants à fourrure, rappelez-vous que les restes de repas sont souvent hautement caloriques et d'une faible valeur nutritionnelle, surtout si vous permettez à Emma de lécher les sauces et de dévorer le gras d'une côte de bœuf. Consommer de mauvaises nourritures peut provoquer vomissements, diarrhées, obésité, et beaucoup d'autres problèmes de santé.

Des friandises saines conçues pour les chats sont une bien meilleure alternative pour les en-cas entre les repas, et vous pouvez utiliser ces « pots de vin » alimentaires à votre avantage pour renforcer un bon comportement. Cependant, n'exagérez pas non plus côté friandises saines – limitez-les à environ 10 % de la ration alimentaire quotidienne de votre chatte.

Pour mettre un frein à cette mendicité, instituez une nouvelle politique en donnant à manger à vos animaux exclusivement dans leur bol. Si vous permettez à Emma d'entrer dans la salle à manger pendant les repas, le seul moyen de mettre fin à ce comportement est de l'ignorer totalement. Crier ou la repousser ne sera pas efficace et pourra même renforcer sa détermination à attirer votre attention. Au début, prévoyez qu'elle continuera à mendier encore davantage, mais elle finira par apprendre qu'aucune récompense ne l'attend.

Une autre solution est de lui donner à manger pendant vos repas. Donnez-lui sa nourriture dans une pièce dont vous pouvez fermer la porte et laissez-l'y jusqu'à ce que vous ayez débarrassé la table. Alors seulement ouvrez la porte et récompensez-la d'une friandise basse calorie. Soyez patiente. Il faudra du temps et de la persévérance pour instituer cette nouvelle routine et pour qu'Emma cesse de vous harceler quand elle sentira de la nourriture humaine.

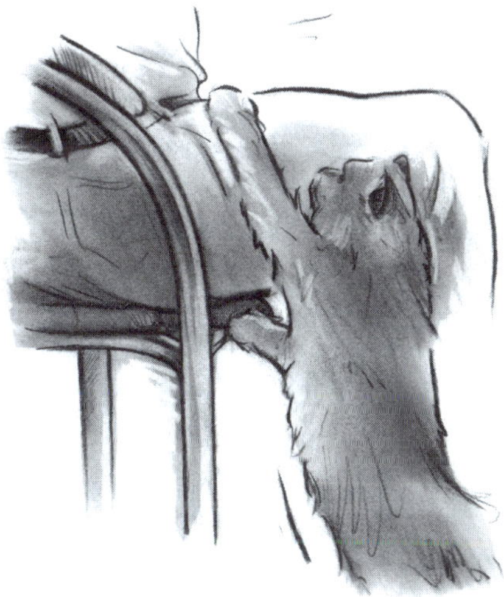

Naturellement, le mieux à faire, c'est de ne pas commencer à partager vos repas. Ainsi, il ne saura jamais ce qu'il rate. Et vous aurez l'assurance qu'il aura plus de chance de ne pas prendre de poids

Pouvoir des protéines

Vous vous demandez peut-être si vous pouvez donner de la nourriture pour chien à votre chat. La réponse est : absolument pas. Les chiens et les chats ont des besoins diététiques différents. La nourriture pour chiens manque de certains nutriments indispensables aux chats, tels que la taurine. Cet acide aminé est nécessaire pour la santé des yeux du chat, pour digérer les graisses, et pour garder le muscle cardiaque en bonne santé. Les chats sont obligatoirement carnivores, tandis que les chiens sont omnivores. En bon français, cela veut dire que les chats ont besoin de plus de protéines de viande que les chiens ; chiper quelques bouchées dans la gamelle du chien ne lui fera pas de mal, mais assurez-vous que la plus grande partie de sa ration alimentaire est prévue pour chat, et non pour chien.

Ruminez donc ça

Q Quand je me dirige vers la porte pour partir à mon travail, je donne toujours à mon chien un os, ce qui semble le contenter pour la journée. J'ai essayé de donner à mon chat, Garfield (oui, il est gros et orange !) un petit os à mâchouiller. Il s'est contenté de le flairer, puis il l'a ignoré. Pourquoi ne mâchouille-t-il pas les os comme Buddy ?

R La vérité, c'est que les chiens et les chats ont des structures osseuses différentes. Ils mangent et mastiquent différemment. Les chats sont strictement carnivores, alors que les chiens sont davantage omnivores, et mangent une plus grande variété d'aliments. Les chats ont des dents aiguës et tranchantes destinées à attraper, retenir et déchirer les petites proies telles que les souris et les oiseaux. Ils se servent de leur langue à barbillons pour ramasser des petits bouts de viande, plutôt que de s'en remettre à leurs dents. Les mâchoires félines se déplacent de haut en bas, alors que les mâchoires canines sont conçues pour broyer les os et écraser d'un mouvement latéral de droite à gauche.

Garfield apprécierait sans doute cet os encore davantage si vous le tartiniez de fromage et que vous le laissiez le lécher comme une sucette. En général, les chats sont plus difficiles que les chiens quant à ce qu'ils mettent dans leur bouche. Ce qui explique qu'il est plus facile de duper un chien qu'un chat en lui cachant sa pilule dans un bout de fromage. La plupart des chiens goberont le fromage sans hésitation, mais la plupart des chats flaireront cette pilule dégoûtante et ôteront chirurgicalement la pilule du fromage, ou bien ils sortiront tranquillement de la pièce sans un regard en arrière.

Les chiens et les chats font tous les deux des fixations alimentaires. Les chiens souvent passent le temps et se calment en rongeant des os. Cela les aide à se détendre. Les chats commencent souvent à se toiletter quand ils sont stressés ou bouleversés. Ils aiment le contact de leur langue à barbillons avec leur fourrure. Se toiletter est leur activité relaxante préférée, et non mâchouiller un os dégoûtant plein de bave de chien.

Passez les légumes, s'il vous plaît

Q Je jure que ma chatte a quelque chose d'une vache ! Maggie est une chatte noire et blanche d'environ trois ans, que j'ai eue tout bébé. Elle vit essentiellement à l'intérieur, mais sort de temps en temps, surtout quand je vais au jardin. Maggie file droit vers la pelouse et se met à manger. Parfois, elle mange beaucoup d'herbe, pour la vomir plus tard. Est-elle normale, et pourquoi semble-t-elle aimer l'herbe ?

R Votre Maggie, quoique vraie carnivore, aime les végétaux. En fait, manger de l'herbe est une activité assez courante chez les félins. Ils ont un instinct naturel qui les pousse à manger de l'herbe et d'autres végétaux pour supplémenter leurs besoins nutritionnels.

Les nutritionnistes vétérinaires disent qu'un régime uniquement carné n'apporte pas certains minéraux et vitamines que les chats semblent savoir trouver dans l'herbe et les légumes. Une autre raison pour laquelle Maggie file vers la pelouse, c'est que les brins d'herbe l'aident à expulser les boules de poils et à calmer ses maux d'estomac. Oui, le résultat est une grosse flaque (de préférence dans votre jardin que dans votre salon) mais Maggie comprend le pouvoir de Mère Nature.

Je vous conseille d'éloigner Maggie de votre pelouse si vous y pulvérisez des produits chimiques ou des pesticides. À la place, offrez-lui une parcelle d'herbe bio dans votre maison. L'herbe pousse facilement et germe vite. Mieux encore, faites pousser de l'herbe à chat pour Maggie. Les graines de cette herbe solide poussent facilement. Simplement, posez le pot dans un endroit sombre et humide jusqu'à ce que les graines germent, puis transférez-le dans un endroit ensoleillé. Je recommande un lieu où Maggie aime prendre le soleil, peut-être près d'une fenêtre du séjour.

Vous pouvez aussi consulter votre vétérinaire sur la possibilité de fournir à Maggie, à titre préventif, une boule de poils commerciale. De plus, la caresser régulièrement d'une main humide aide à enlever les poils morts de sa fourrure, et peut réduire son besoin d'expulser les boules de poils.

Mangeur tatillon

Q J'ai eu des chats toute ma vie, et je n'ai jamais eu de problème pour leur gamelle, m'éloigner et les regarder manger. Facile, non ? Plus maintenant. J'ai récemment rapporté chez moi une chatte abandonnée. Je pense qu'elle a environ trois ans. Je pensais qu'elle serait reconnaissante d'avoir trouvé un foyer, mais elle est très difficile sur l'alimentation. Mes deux autres chats mangent leurs croquettes sans problème. Cette nouvelle chatte, Gabby, adore le saumon et le thon, mais je n'ai pas les moyens de satisfaire ses goûts dispendieux.

R Bien que les chats aient été souvent affligés du qualificatif de mangeurs tatillons, je préfère dire qu'ils sont des mangeurs discriminants. Il vous faut d'abord évaluer la situation. Gabby est-elle vraiment une mangeuse tatillonne, ou y a-t-il autre chose ? Prenez un bloc-notes et notez ses habitudes alimentaires pendant quelques jours. Il y a plusieurs explications possibles à cette grève de la gamelle. Gabby est peut-être rassasiée avec les friandises et les restes de votre repas tels que ces délicieux morceaux de saumon et de thon que vous lui tendez. Ou bien les deux autres chats lui bloquent l'accès au bol. Essayez d'en installer un autre, pour diminuer la compétition. À propos de bol, certains chats n'aiment pas que leurs moustaches touchent les côtés du bol et s'éloignent de la nourriture si le bol n'est pas de la bonne « taille ». Gabby a peut-être besoin d'un bol plus large, ou moins profond.

L'endroit peut également être dissuasif, surtout si le bol est placé dans une pièce très fréquentée, comme la cuisine. Certains chats aiment dîner sans tapage autour d'eux.

Gabby passe-t-elle du temps à l'extérieur ? Elle a peut-être charmé une voisine qui lui donne de savoureuses friandises, ou elle se repaît de souris et de moineaux.

Enfin, n'excluez pas un problème médical possible. Gabby a peut-être les gencives sensibles, ou il peut lui manquer une dent, ce qui transforme la mastication en défi.

Les chats aiment les routines. Si vous donnez à vos chats une certaine marque de croquettes commerciales, Gabby s'abstient peut-être dans l'espoir de quelque chose de plus savoureux. Il vaut mieux acheter toujours la même marque. Vous pouvez en relever le goût en versant du bouillon dessus, mais quand vous en aurez trouvé que Gabby semble apprécier, tenez-vous-y. Si sa santé exige un changement de nourriture, habituez-la graduellement à un autre genre de nourriture. Je vous recommande de travailler en étroite association avec votre vétérinaire sur le meilleur choix diététique. Bonne chance !

Penser la nourriture

Q Je suis sur le point d'adopter deux jeunes chats du refuge local. Ils ont un an ou deux, et sont de la même portée. Je ne veux pas que mes chats deviennent obèses pour avoir trop mangé. Dois-je simplement mettre à leur disposition un grand bol de nourriture pour toute la journée, ou ne les nourrir que deux fois pas jour ?

R Bienvenue dans le Grand Débat sur la Nourriture Féline. Il y a des pour et des contre l'alimentation libre et les repas à heures fixes. Beaucoup de chats, qu'ils soient chat unique de la maison ou qu'ils appartiennent à un foyer multichats, semblent se trouver bien de l'alimentation libre. Ils mangent ce dont ils ont besoin, et s'arrêtent avant de devenir obèse. Contrairement aux chiens qui ont tendance à engouffrer tout ce qu'on met devant eux, les chats semblent préférer grignoter 10 ou 20 fois par jour.

Dans votre situation, je me renseignerais sur leur alimentation auprès du personnel du refuge. Demandez si on leur donne à manger deux fois par jour, ou s'ils ont à manger à leur disposition toute la journée. Demandez aussi s'il y a eu des incidents au cours desquels un chat chassait l'autre, ou l'écartait du bol.

Surveillez les habitudes alimentaires de vos jeunes chats et pesez-les régulièrement. S'ils se maintiennent au même poids, l'alimentation libre est une bonne option. Pensez simplement à nettoyer les bols régulièrement – quotidiennement si vous leur donnez des boîtes.

Toutefois, certains chats considèrent l'alimentation libre comme un buffet « à volonté » et se bourrent de croquettes jusqu'à ce que leur ventre traîne par terre. Ils sont incapables de résister à la bonne bouffe. Réfléchissez à ce fait étonnant : grossir d'un kilo cinq cents pour un chat de quatre kilos cinq équivaut à grossir de 20 kg pour une personne de 60 kg. Pour les chats comme pour les humains, le surpoids représente un risque pour la santé.

Info chat

Himmy, chat australien, est le chat le plus gros enregistré à ce jour. Il pèse environ 21 kg selon le *Livre Guinness des Records.*

Dans les cas où l'un des chats mange trop et l'autre trop peu, les repas à heures fixes sont recommandés. Cela vous permet de mieux contrôler le régime de vos animaux. Pour empêcher le chat replet de gober toute la nourriture, donnez-lui à manger dans une pièce séparée. Puis, après un laps de temps déterminé, disons 15 minutes, ramassez les bols. Une autre possibilité consiste à donner au chat svelte un repas supplémentaire le soir, pendant que le chat rondouillard passera la nuit tout seul dans une pièce, sans rien à se mettre sous la dent.

Info chat

Un chat en bonne santé a une température d'environ 40 degrés Celcius.

L'alimentation contrôlée donne aussi de bons résultats quand survient un problème médical, par exemple le diabète. Il faut tous les jours mesurer le taux d'insuline et de sucre sanguin chez les chats atteints de cette maladie. Donner de petites portions plusieurs fois par jour peut aussi aider un chat qui mange trop d'un seul coup, et vomit un peu plus tard.

Si vous ne pouvez pas être chez vous pour nourrir vos chats à des heures données, vous pouvez acheter un distributeur automatique. Ces gadgets libèrent des portions contrôlées à des heures données. Mettre une ou deux balles de golf dans le bol aidera aussi à ralentir le goinfre, de même que répandre la nourriture sur un plateau, au lieu de la mettre dans un bol.

Pas de bec sucré

Ouvrez une boîte de thon, et voyez votre chat arriver en courant pour partager votre déjeuner, mais sortez une barre chocolatée ou un paquet de biscuits, et cela le laissera sans doute de marbre. La plupart des chats ne s'intéressent pas au sucré. Tous les mammifères ont des récepteurs situés sur la langue qui transmettent les signaux du goût au cerveau. Les récepteurs des humains détectent quatre saveurs majeures : salé, sucré, acide et amer. •••

Les scientifiques ont récemment découvert que deux protéines régulent les récepteurs du sucre. Dans le cas des chats, l'une de ces protéines, RIR2 manque. Les chats sont, au mieux indifférents au sucre, et au pire, incapables de le détecter.
Alors, pourquoi certains chats mendient-ils une cuillerée de yaourt ou de crème glacée ? Ces produits laitiers contiennent une grosse proportion d'une protéine appelée caséine, qui est faite d'acides aminés, dont les chats ont besoin dans leur régime. Les produits laitiers ont également tendance à contenir des graisses, que les chats sont bien équipés pour digérer et utiliser.

Beurk ! Des boules de poils !

Q Ma chatte à poil long, Choupette, semble passer son temps à toiletter sa magnifique fourrure argentée. Elle approche de son cinquième anniversaire et vit exclusivement à l'intérieur. Au moins une ou deux fois par semaine, je peux m'attendre à trouver sur les tapis une boule de poils qu'elle vient de régurgiter. Elle ne choisit jamais des sols faciles à nettoyer, comme le carrelage de la cuisine. Elle est suivie régulièrement, et mon vétérinaire n'a trouvé aucun problème de santé. Alors, pourquoi les boules de poils ?

R Malheureusement, les boules de poils sont un problème récurrent chez les chats à poil long, et aussi pour les chats à poil court qui perdent leurs poils. Normalement, les chats avalent leurs poils lorsqu'ils se toilettent. Les minuscules barbelures de leur langue agissent comme une brosse et entraînent les poils. La plupart du temps, ces poils avalés passent dans l'appareil digestif sans problème.

Toutefois, quand les chats ont une épaisse fourrure ou qu'ils perdent leurs poils, les poils s'accumulent dans l'estomac où ils peuvent irriter la paroi stomacale, et interférer avec la digestion. Une fois que la boule de poils a atteint une certaine taille, le chat vomit pour expulser une boule dégoûtante formée de poils, de restes de digestion, de salive et de sécrétions gastriques – les ingrédients de la boule de poils classique. Beurk !

Je vous conseille de consulter à nouveau votre vétérinaire si le nombre d'incidents à boule de poils augmente, ou si votre chatte semble incommodée quand elle vomit. Une radio sera peut-être nécessaire pour déterminer si une boule de poils est coincée dans son estomac. Dans certains cas, les poils compressés doivent être enlevés chirurgicalement.

Bien que Choupette soit une toiletteuse méticuleuse, vous pouvez réduire les incidents boule de poils en la brossant et la peignant tous les jours. Le toilettage permet aussi de repérer des problèmes de peau ou de fourrure, comme bosses, grosseurs et puces, d'enlever les poils morts et de minimiser le feutrage. Vos meubles et vêtements en tireront bénéfice également, parce qu'il y aura moins de poils volants en circulation dans l'air. Vous pouvez aussi la faire toiletter régulièrement chez un professionnel.

Une autre façon de combattre les boules de poils est de donner à votre chatte un lubrifiant à base de parafine, disponible chez votre vétérinaire ou dans les magasins spécialisés. Certains chats tolèrent la vaseline pure, mais beaucoup n'en aiment pas le goût. Quelle que soit la marque que vous utilisez, mettez-en un peu sur le nez ou les pattes de votre chatte. Elle léchera automatiquement cette région et ingérera le lubrifiant. La plupart de ces lubrifiants sont parfumés, pour encourager les chats à les considérer comme des friandises. Ne vous servez pas de beurre ou d'huile végétale qui sont très caloriques et ne sont pas absorbés efficacement par les chats. L'huile d'olive vierge peut être utilisée ave modération.

Fait félin

Boule de poils est un mot dégoûtant. Le nom scientifique de cette saleté répugnante est « trichobezoar ».

Pourquoi le tapis et pas le carrelage ? Cela reste l'un des mystères félins de la vie. Chez moi, j'ai presque partout du parquet ou du carrelage, mais chaque fois que mes chats sont barbouillés, ils en laissent les traces dans les seuls endroits moquettés de la maison – ma chambre à coucher et le couloir du premier.

Cannelle se surtoilette

Cannelle, chatte à poil court stérilisée de onze ans, vivait avec Sylvia depuis l'âge de huit semaines. Cette chatte, uniquement d'intérieur, arborait toujours une fourrure propre, brillante, parfaitement toilettée. Elle s'enfuyait prestement pour se cacher chaque fois qu'elle entendait la sonnette, mais aimait la compagnie du petit ami de Sylvia quand il venait en visite.

Il y a environ un an, la compagne féline de Cannelle, Smoothie, tomba gravement malade, et dut être euthanasiée. Sylvia me dit que Cannelle la regarda mettre Smoothie dans la poussette, quitter la maison, et revenir sans Smoothie. Après la mort de sa compagne, Cannelle se mit à lécher excessivement son ventre et ses pattes postérieures. Elle commença également à perdre du poids, bien que Sylvia ne changeât rien dans son régime.

Travaillant avec son vétérinaire, Sylvia put exclure toutes maladies ou allergies possibles dues à des parasites, aliments, pollens ou moisissures. J'informai Sylvia que Cannelle souffrait de ce qu'on appelle alopécie psychogénique. En général, les chats se toilettent par un comportement de compensation quand ils sont temporairement stressés, mais dans certains cas, la fréquence et la durée des séances dépassent ce qui est considéré comme normal. Quand il est exacerbé par le stress, le toilettage peut devenir répétitif et excessif, avec parfois pour conséquences des plaques chauves et des marques de dents sur la peau.

En général, l'alopécie psychogénique se rencontre plus souvent chez les femelles que chez les mâles, et peut survenir à n'importe quel âge. On l'observe surtout, mais pas exclusivement, chez les chats de race orientale titulaires d'un pedigree et est généralement associée à des chats de tempérament anxieux. À l'évidence, Smoothie manquait à Cannelle. L'autre chat de la maison, Marlo, se comportait en vraie brute, alors je conseillai à Sylvia d'attacher une clochette à son collier de sorte que Cannelle soit prévenue de son arrivée, et puisse éviter une confrontation.

J'ai recommandé à Sylvia de jouer avec Cannelle cinq à dix minutes, deux fois par jour. La plupart des chats aiment beaucoup les jouets de plume, les souris à l'herbe à chat, et les objets chiffonnés. Je lui ai conseillé aussi d'enrichir l'environnement avec un hamac pour chats dans lequel ils pouvaient grimper, et de leur donner des balles pour jouer, ce qui contribua à distraire Marlo, et réduisit l'anxiété de Cannelle. En tant que mesure intérimaire, je conseillai aussi à Sylvia de demander à son vétérinaire un calmant pour traiter les troubles compulsifs comme l'est l'alopécie psychogénique. Le comportement de toilettage de Cannelle se réduisit et sa fourrure retrouva son aspect sain et brillant.

(*Contribution d'Alice Moon-Fanelli, comportementaliste animalière diplômée*)

Rebutés par le lait ?

Bien que beaucoup de gens croient que chat et lait vont ensemble comme souris et fromage, les vétérinaires déconseillent généralement de donner une grande soucoupe de lait a votre chat. Les chats adultes ne produisent pas suffisamment de lactase pour digérer correctement le lactose du lait. Même quelques cuillerées à soupe de lait peuvent provoquer diarrhées et vomissures. Pourquoi prendre le risque ?

Bouboule se pèse

Q J'adore mon gros chat Léo, que j'aime embrasser à pleins bras, mais les amis se moquent de sa taille. Ils l'appellent Léo-le-Gros et me demandent si je n'ai pas deux chats, et non pas un seul. Il a huit ans et pèse 7,250 kg. Je dis à mes amis qu'il a juste un squelette lourd, mais je sais qu'il est en surpoids. Pourtant, il ne semble pas avoir de problèmes de santé. Qu'y a-t-il de mal à avoir un chat rebondi ?

R Des tas de choses. Je le sais par expérience. Mocky, mon plus jeune chat, était toujours l'athlète de mon trio félin jusqu'à ces dernières années. Tous les matins, je l'emmenais en promenade dans le voisinage. Il arrivait en courant dès que je sortais sa laisse et son harnais. Puis j'ai ajouté un chien à la famille, suivi d'un deuxième. Au lieu d'emmener Mocky en promenade ou de lui lancer une boule de papier dans le couloir pour qu'il coure la chercher, je me suis mise à marcher et courir avec mes chiens.

Mocky restait la maison, et mangeait sans discontinuer. Croquette après croquette et friandise après friandise, il s'est mis à grossir jusqu'à atteindre 6,750 kg. Comme vous, j'ai réalisé la responsabilité que j'avais dans sa transformation en gros chat. Malheureusement, vous et moi, nous ne sommes pas seules. Jusqu'à 25 % de tous les chats des Français sont trop gros ou obèses.

Les chats trop gros ont un risque accru de diabète, maladie de cœur, arthrite et bien d'autres maladies. À mesure qu'ils prennent du ventre, ils sont moins motivés pour faire autre chose que manger, dormir et aller de temps en temps se soulager dans leur litière. Souvent, ils boivent moins d'eau, ce qui en fait de bons candidats pour les calculs rénaux ou les infections des voies urinaires.

Aidons donc Léo à mincir intelligemment. Prenez une photo « avant » et exposez-la dans un endroit visible, tel que la porte du frigo. Commencez un journal alimentaire, et pesez Léo tous les trois jours. Si vous aviez l'habitude de garder son bol toujours plein, arrêtez cette pratique. Demandez à votre vétérinaire de vous conseiller des aliments diététiques de grande qualité (certains contiennent des fibres, ce qui donne une impression de satiété) et déshabituez-le lentement de son régime habituel pour adopter la version basse calories. Donnez-lui ses repas à des heures précises, et mesurez les portions en suivant les instructions portées sur les paquets. Utilisez un verre doseur, et non un récipient en plastique ou autre tasse imprécise. Et étalez sa ration sur une plaque à biscuits au lieu de la lui donner dans un bol. Il mettra plus longtemps à manger. Travaillez avec votre vétérinaire à diminuer progressivement ses portions. Il ne faut pas les réduire trop rapidement. Chez les chats, les dangers du « régime radical » peuvent conduire à la lipidose hépatique, plus connue sous le nom de maladie du foie gras.

Votre but est de faire maigrir Léo de quelques centaines de grammes par semaine, de sorte qu'il perde peu à peu l'excès de poids sans le reprendre ensuite. Quand la graisse commencera à fondre, faites revivre le chaton en Léo, en l'encourageant à jouer et à se remuer davantage. Si vous avez un escalier, posez une friandise basse calorie sur le palier quand Léo est en bas. Montrez-lui la friandise et appelez-le. Traînez un jouet au bout d'une ficelle pour qu'il coure après. Achetez-lui un jouet interactif qui retiendra son attention quand vous n'êtes pas là.

Prenez tous les mois une photo de ses progrès. Au bout de six mois environ, vos amis l'appelleront Léo-le-Svelte.

Futur ennemi du gras ?

Les vétérinaires nutritionnistes étudient si la L-carnitine, ajoutée à la nourriture des chats, peut activer le métabolisme des graisses, et quels en seraient les bénéfices pour l'animal. Ils étudient également différents types de fibres. La L-carnitine (abréviation de levocarnitine) est un acide aminé qui peut aider à diminuer le taux de cholestérol et de lipides (graisses) dans le sang. Ce supplément alimentaire est disponible dans les catalogues et les magasins spécialisés. Comme pour tous les suppléments alimentaires, parlez-en à votre vétérinaire avant d'en ajouter au régime de votre chat.

Un bain ? Non, merci.

Q Mon chien, Max, est un gentil Bull Mastiff qui adore nager et se baigner. Mon chat, Star, refuse énergiquement de se mouiller. Pourtant, je dois le baigner de temps en temps, car Max a tendance à baver sur lui ce qui fait qu'il sent le chien. Pourquoi les chats détestent-ils les bains ?

R Les chats ont une conscience aiguë de l'hygiène. S'ils étaient des personnes, on les qualifierait sans doute d'obsessifs-compulsifs parce qu'ils seraient tout le temps en train de se laver les mains. Ils ne seraient jamais surpris en public avec un T-shirt sale ou des vêtements mal assortis. Ils aiment arborer une fourrure impeccable. C'est sans doute pour ça qu'on a donné le sobriquet de « chat smoking » aux chats noir et blanc.

Sauf en cas de rencontre avec un putois, ou avec une substance collante ou huileuse, nécessitant une intervention humaine, la plupart des chats n'ont jamais besoin d'un bain. Un bon brossage (quotidien pour les félins à poil long, moins fréquent pour les poils court) contribue à la santé de la peau et de la fourrure. À moins que Star soit régulièrement inondé de bave canine, laissez-le régler le problème lui-même par l'auto toilettage. S'il continue à sentir mauvais, essayez un shampooing sec ou une mousse, ou encore des lingettes sans alcool, plutôt que de lui infliger un bain en règle.

Si vous pensez qu'il a tout de même besoin d'un bain, commencez avec de l'eau à la température de la pièce, dans un évier ou une bassine, en lui mouillant d'abord seulement les pattes. Utilisez une tasse pour lui verser de l'eau sur le dos (le robinet peut être effrayant), massez doucement, séchez à la serviette et libérez-le. Habituez votre chat à des séances courtes, d'abord sans shampooing, puis ajoutez graduellement un rapide massage mousseux et un bon rinçage.

Quant à l'idée que les chats et l'eau sont comme l'huile et le vinaigre, cette affirmation ne tient pas la route. Certains félins sauvages, comme les tigres ou les ocelots, nagent pour se rafraîchir de la chaleur du jour, ou entrent dans l'eau pour attraper des poissons et autres créatures aquatiques. Corky, le chat de mon enfance, adorait nager avec nos chiens dans l'étang de notre jardin, et suivait toute personne armée d'une canne à pêche dans l'espoir d'un bon dîner. Beaucoup de chats domestiques sont fascinés par l'eau même s'ils n'aiment pas nager, et certains en viennent à apprécier des bains réguliers. (Voir questions, chapitre III). J'ai vu plusieurs chats parfaitement heureux dans des bateaux de pêche des ports de la Californie du Sud, quoiqu'ils n'aient pas été à proprement dans l'eau !

Oh, c'est le moment d'avaler la pilule

Q Lors de notre dernière visite, le vétérinaire a décidé que mon chat, Cosmo, devait prendre des pilules deux fois par jour. Je sais que le médicament améliorera son état, mais cela devient de plus en plus difficile de le lui administrer. Il semble avoir un sixième sens pour deviner quand je vais lui donner son remède, alors il s'enfuit et se cache. Comment sait-il qu'il est l'heure de prendre son médicament ?

R Pour commencer, les chats sont des êtres d'habitude, de sorte que si vous lui donnez ses pilules à heures régulières, il en est venu à attendre votre « attaque », selon lui, à la même heure tous les jours. Et il associe sans doute le bruit des pilules dans le flacon avec l'événement déplaisant. De plus, les chats sont assez habiles à juger nos émotions. D'après ce que vous dites, on dirait que vous êtes stressée et frustrée quand vient le moment de lui donner ses pilules. Il étudie votre langage corporel, voit la tension monter dans vos muscles, et sait exactement ce qui va venir.

Donner un médicament à nos animaux de compagnie ne figurera jamais au nombre de nos activités préférées, mais n'oubliez pas que vous le faites pour son bien. Jusqu'à 40 % des propriétaires d'animaux n'appliquent pas les instructions de leur vétérinaire concernant les médicaments à lui donner. La raison principale ? Trop fatigant !

Puisque vous devez lui donner son remède deux fois par jour, tâchez de le placer dans un endroit qu'il aime fréquenter, comme près de vous sur le canapé, dans votre fauteuil préféré, ou sur votre table de nuit. Sortez la pilule du flacon, et attendez un peu. Laissez Cosmo venir à vous. Aidez-le à se détendre – et vous aussi par la même occasion ! – en lui faisant un massage thérapeutique. Attendez que son moteur à ronronnements démarre et que son corps se détende. Alors prenez votre pilule, et, sans cesser de lui parler avec douceur, calmement et fermement, ouvrez-lui la bouche et jetez la pilule au fond de sa gorge, assez loin pour qu'il ne puisse pas la recracher. Maintenez sa bouche fermée quelques instants, lui massant doucement le cou pour l'aider à déglutir.

Si cela est impossible, voici le Plan B. Motivez votre chat à venir vers vous à l'« heure des pilules » en associant le remède à une friandise (nous parlons ici d'aliment trois étoiles, comme du thon, et non pas de misérables croquettes !) avec le bruit des pilules dans le flacon. Récompensez-le d'être venu à vous. Sans mouvements brusques, soulevez-le dans vos bras et jetez la pilule dans sa bouche – ou asseyez-vous par terre, pour qu'il soit plus facile à tenir. Vous devrez peut-être l'envelopper dans une serviette pour éviter de vous faire griffer.

Puis il y a le Plan C. Il marche mieux pour les chiens que pour les chats, mais il y a toujours des exceptions félines. Vous pouvez réduire la pilule en poudre, et la dissimuler dans une cuillerée de nourriture en boîte, ou un morceau de fromage. Certains chats adorent les suppléments vitaminés ou les remèdes à boules de poils en tube, et une noix de cette substance, contenant la pilule en poudre, peut être collée au palais. Toutefois, demandez d'abord à votre vétérinaire si écraser la pilule ne change pas ses effets thérapeutiques.

Info chat

Les yeux des chats peuvent avoir trois formes : en amande, ronds, et bridés.

Quel que soit le plan choisi, parlez toujours d'un ton joyeux, et n'oubliez pas d'inspirer et expirer profondément pour éviter de vous raidir. Si Cosmo détale après la pilule, ignorez-le et partez dans la direction opposée, ou restez où vous êtes et lisez ou regardez la télé. Vous voulez lui faire comprendre que le moment de la pilule, ce n'est pas un drame.

Stanislas, chat amateur de plastique

Quand quelqu'un me confie que son chat vomit, je dois me livrer à une petite enquête pour faire un diagnostic précis. Dans le cas présent, la propriétaire de Stanislas me facilita la tâche en déclarant : « Stanislas aime manger du plastique, surtout les sacs du magasin du coin. »

Armée de cette information, je fis avec Stanislas un petit voyage jusqu'à la table de radiologie. Malheureusement, les sacs en plastique ne se voient pas très bien à la radio. Toutefois, je pus voir sur la radio de Stanislas une répartition anormale des gaz dans ses intestins, et quelque chose qui clochait dans son abdomen. Le verdict : Stanislas avait sans doute avalé quelque chose qui obstruait ses intestins. Tout aliment qu'il avalait ne pouvait pas franchir cette obstruction et il vomissait. • • •

L'odeur du vomi suggérait que l'obstruction se trouvait assez loin dans l'intestin pour que l'aliment soit partiellement digéré au moment du vomissement. Je ne dis pas cela pour vous écœurer, mais pour illustrer le fait qu'une observation en apparence triviale – l'odeur nauséabonde du vomi – peut être un indice important pour un vétérinaire.

Stanislas fut admis dans notre hôpital, réhydraté par fluides intraveineux, et on lui administra des antibiotiques préopératoires. Pendant la chirurgie exploratoire, on repéra une section de l'intestin enflammée par une grosseur révélatrice. Je procédai à l'incision et repérai un sac en plastique déchiré. Puis je remarquai deux autres petits morceaux de plastique, qui se révélèrent être des étiquettes de paquets de couches jetables.

Qu'est-ce qui attire les chats dans les sacs en plastique ? Certains pensent que les chats en aiment la fraîcheur, la texture sur la langue, ou le son qu'ils font quand ils les touchent ou les lèchent. La raison la plus logique que j'ai entendue, c'est que les chats aiment la gélatine utilisée dans la fabrication de certains. La gélatine est un produit animal, et certains chats sont attirés par son odeur. Ce n'est qu'une théorie, mais je la trouve plausible.

Le cas de Stanislas est un excellent exemple du fait qu'une question comportementale – une stupide attirance pour le plastique – peut conduire à un état de santé potentiellement dangereux : une obstruction gastro-intestinale. La propriétaire de Stanislas peut envisager l'achat des traditionnelles couches en tissu pour son prochain bébé.

(Contribution d'Arnold Plotnick, docteur vétérinaire)

Une cuillerée de sucre (ou de thon)

Qui a dit que la médecine doit avoir mauvais goût pour faire du bien ? Parlez à votre vétérinaire sur la façon de mélanger les pilules de votre chat à des liquides aromatisés, faciles à administrer. De nos jours, les laboratoires pharmaceutiques proposent des arômes attractifs pour les félins, tels que thon grillé, agneau rôti et côte de bœuf pour plus de 350 prescriptions vétérinaires.

De plus, les fabricants peuvent enlever l'amertume de composés tels que le metronidazole ou le prednisolone sans modifier l'efficacité du produit. Certains remèdes pour l'hyperthyroïdie peuvent prendre la forme de gel transdermique qu'on peut appliquer sur l'oreille de votre chat grâce à un petit massage, et qui sont absorbés par la peau, et non avalés.

Sous le menton

Q Récemment, je grattais sous le menton mon chat de trois ans, William, quand je sentis sous mes doigts comme des croûtes, et remarquai des écailles ressemblant à de la terre. Je sais qu'il n'a pas de puces, et qu'il prend toujours grand soin de sa fourrure. J'ai eu peur qu'il ait la gale, ou même le cancer de la peau, mais mon vétérinaire a diagnostiqué de l'acné féline. Je n'avais jamais entendu parler d'acné pour les chats. Pouvez-vous m'en dire plus ?

R Les ados ne sont pas les seuls à avoir de l'acné – certains chats en ont aussi. Médicalement parlant, l'acné féline est un trouble de la kératinisation, ce qui est une façon courtoise de dire que les pores sous le menton sont bloqués par des débris cellulaires, provoquant des points noirs. Sans traitement, ces pores bouchés peuvent enfler et s'infecter.

Ils finissent par éclater, provoquant des cicatrices sanglantes, des lésions enflammées et des plaques chauves. Les chats au menton blanc ont alors l'air d'avoir un bouc.

Les experts vétérinaires ne savent pas ce qui provoque ce trouble, ni s'il est très répandu dans la population féline. L'opinion populaire attribue ce problème au stress, à l'utiliation de bols en plastique pour l'alimentation, aux puces, à une prédisposition génétique ou aux allergies. L'acné féline peut apparaître une fois puis disparaître, ou elle peut durer toute la vie du chat. Contrôler l'acné féline exige une étroite collaboration avec votre vétérinaire et peut-être aussi avec un dermatologue vétérinaire. Il existe plusieurs traitements, depuis le remède tout venant prescrit par le vétérinaire, mais le hic, c'est de trouver lequel marche pour votre chat. Voici quelques traitements communs :

▶ **Peigne fin.** Tous les jours, passez doucement le peigne sous le menton du chat pour enlever les croûtes sèches et les points noirs.

▶ **Tampons médicaux anti-acné.** Tamponnez le menton de votre chat une ou deux fois par jour pour empêcher les points noirs d'empirer. Laissez sécher à l'air.

▶ **Compresse au sel d'Epsom.** Tous les jours, posez une compresse chaude sur le menton pendant trois à cinq minutes pour sécher la peau et réduire l'inflammation. Puis appliquez une pommade à la vitamine A pour guérir les cellules endommagées.

▶ **Shampooing médical.** Appliquez-le à l'aide de compresses chaudes pour nettoyer et exfolier la peau morte du menton. Consultez votre vétérinaire pour le dosage.

▶ **Gel au peroxyde de benzoyle.** Ce médicament vendu sur prescription contient 2,5 à 3 % de peroxyde de benzoyle qui pénètre profondément dans les follicules des poils pour éliminer les points noirs. Attention : le peroxyde peut décolorer les tissus si le chat traité se frotte le menton sur les meubles ou les tapis.

▶ **Antibiotiques oraux.** Donnés sous forme de liquide ou de pilule, ils doivent être prescrits si l'acné s'infecte.

Mes amis vétérinaires donnent un conseil supplémentaire : ne pressez pas les points noirs sous le menton de votre chat – vous risquez de provoquer une infection.

Caresser. Pour quoi faire ?

Le toucher est l'un des meilleurs moyens de communiquer avec nos chats. La plupart des chats adorent qu'on les caresse et qu'on les gratte. La plupart des gens aiment le contact de leur fourrure soyeuse et la vue d'un air heureux et ronronnant. Lorsqu'il est exécuté correctement, le toucher a de nombreux avantages sanitaires et thérapeutiques

L'une des meilleures façons de toucher, c'est de masser. Des massages quotidiens peuvent vous aider à détecter les puces ou les tiques. Vous pouvez aussi chercher des coupures ou des bosses inquiétantes. Le massage peut jouer un rôle dans les affections chroniques telles que l'arthrite. Bien que ce ne soit pas un remède, un massage doux peut réduire la raideur des articulations et aussi la douleur, en amenant du sang oxygéné dans ces endroits sensibles.

Les massages renforcent le lien humain animal, aident à réduire l'agressivité et autres comportements indésirables, et améliorent la sociabilité du chat avec les gens et les animaux. Autre avantage : un chat régulièrement massé s'habitue à être touché. Il associe le toucher à une expérience positive. Cela peut annihiler le stress de la brosse et du peigne, du rognage des griffes, des voyages en voiture, des visites chez le vétérinaire et des concours de chats, pour l'animal et pour son propriétaire.

Commencez par le mouvement de base connu sous le nom d'effleurage. L'effleurage est toujours exécuté vers le cœur, dans le sens du flux veineux, qui débarrasse le sang de ses toxines et rafraîchit les tissus et les muscles. Sur une patte de chat, par exemple, partez des orteils vers le genou et les hanches.

Voici quelques suggestions :

▶ **Suivre la glisse.** Ce mouvement de base consiste simplement en un geste droit et continu, du sommet de la tête jusqu'au bout de la queue.

▶ **Faire des cercles.** Du bout des doigts, faire des cercles dans le sens des aiguilles d'une montre ou dans l'autre sens, des cercles d'environ la taille d'une pièce de deux euros.

▶ **Faire la vague.** Faire un mouvement de balance avec la paume ouverte et les doigts étendus. (mimez le mouvement d'un essuie-glace).

▶ **Ne pas oublier la chiquenaude.** Faites comme si vous chassiez d'une table des miettes imaginaires par petites chiquenaudes. Vous pouvez le faire avec un, deux ou trois doigts.

▶ **Faire une vraie friction.** Caressez le corps de votre chat exerçant une pression légère comme une plume, légère et moyenne. Voyez à laquelle il réagit le mieux.

▶ **Pétrir.** Pour cette douce caresse, ouvrez et fermez alternativement la paume et les cinq doigts. Elle est idéale pour la région de la colonne vertébrale.

Et voici quelques suggestions finales pour une séance de massage satisfaisante pour vous et pour votre chat :

→ Approchez-vous lentement de votre chat en lui parlant d'un ton apaisant.

→ Ne massez pas votre chat de force.

→ Ne massez pas votre chat si vous êtes stressée ou pressée.

→ Servez-vous de vos mains nues – pas d'huiles, de crèmes ou de lotions.

→ Soyez attentive au feedback : ronronnement, roulades sur le flanc, clignements d'yeux. Cessez le massage si votre chat gigote et s'enfuit, crache, creuse le dos sous votre main, ou miaule de protestation.

→ Ne pressez pas trop fort – vous pourriez lui faire mal.

→ N'essayez pas de substituer le massage à un traitement pour des troubles tels que l'arthrite. Le massage doit être un complément au traitement donné par votre vétérinaire.

SIXIÈME PARTIE

Avantages et inconvénients de la vie avec des chats

Votre chat est-il « in » ? En fait, je ne vous demande pas s'il est « branché », mais si c'est un chat qui vit en sécurité. De tels chats vivent exclusivement à l'intérieur, et ne rôdent jamais dehors sans être surveillés.

Les temps ont changé. Il y a une génération, la plupart des chats se promenaient librement là où leur curiosité les conduisait. Le chat de mon enfance, Corky, passait la nuit dehors, jusqu'au jour où il rentra en boitillant à la maison avec une plaie ouverte faite par le ventilateur d'une voiture. Il avait trouvé un endroit chaud où dormir en grimpant dans le moteur. Ce fut la dernière fois où il passa la nuit dehors tout seul.

Il y a des chats qui continuent à rôder dehors, mais la plupart des gens gardent leurs amis félins à l'intérieur. Les chats peuvent y vivre heureux, appréciant la vue qu'ils ont par les fenêtres, grimpant sur des arbres à chats spéciaux, et jouant avec des jouets conçus pour éviter l'ennui. Préférez-vous la liberté ou la sécurité ? C'est à vous de choisir, mais maintenant, vous connaissez mon point de vue.

Parcourez ce chapitre avec l'esprit ouvert. Trouvez de nouvelles façons de rendre votre foyer accueillant pour un félin. Et si votre chat vous rend dingue, découvrez des solutions pour le faire dormir sur votre lit, apprendre à un vieux chat à faire des grimaces, ou à voyager avec (ou sans) votre copain à poil.

Minou voleur d'oreiller

Q Mon chat, Bébé, est aventureux et adorable le jour, mais se transforme en voleur d'oreiller la nuit. Au moment du coucher, il commence au pied de mon lit pendant que je me lave les dents. Quand je me glisse sous les couvertures, il se rapproche et se blottit contre mon flanc. Mais au milieu de la nuit, quand je suis plongée dans un profond sommeil, il prend possession de mon oreiller. Il me marche dessus et me réveille. J'aime qu'il dorme sur mon lit, mais comment puis-je l'empêcher de réquisitionner mon oreiller de sorte que je puisse dormir ?

R Pour ce qui est de partager votre lit avec votre chat, vous n'êtes pas toute seule. Aujourd'hui, environ un tiers des propriétaires de chats dorment avec leur félin. Pas étonnant. Leur corps soyeux et leurs ronronnements aident souvent les gens à s'endormir. Toutefois, une étude de la Clinique Mayo, conduite par leur Département des Troubles du Sommeil, a établi que la moitié des gens qui laissent leur animal partager leur lit la nuit souffrent d'un sommeil fragmenté de sorte qu'ils se réveillent fatigués le matin. Les chercheurs ont également découvert que beaucoup de gens sont tellement attachés à leur animal qu'ils sont prêts à tolérer un mauvais sommeil pour les avoir près d'eux la nuit. Je dois avouer que je suis coupable – mes chats restent sur le tiers inférieur de mon lit, mais je dors sur le dos, posture idéale pour les chats qui désirent ronfler avec la tête posée sur une cheville ou un mollet. Heureusement, j'ai le sommeil profond, et mes chats aussi. Une fois qu'ils se sont creusé leur trou, ils dorment jusqu'au matin.

Toutefois, dans votre cas, Bébé semble très autoritaire. Il se sent autorisé à dormir quand il en a envie, quelles que soient vos préférences. Bien qu'il soit adorable, vous devez retrouver le contrôle de votre lit et de votre oreiller et rééduquer Bébé en lui fixant des limites. Commencez par rendre le pied de votre lit plus attrayant. Fournissez à Bébé son propre oreiller ou une couverture duveteuse. Félicitez-le quand il s'y installe. Déplacez-le régulièrement au pied du lit avant de vous endormir. Ou faites un compromis en lui installant un oreiller à côté du vôtre.

Pour rendre votre oreiller moins attirant, pulvérisez dessus un parfum d'agrumes (que vous aimez). Les chats n'aiment pas les odeurs d'agrumes. S'il vous réveille au milieu de la nuit, remettez-le à sa place, posez-le par terre. Après avoir été ainsi éjectés plusieurs fois, la plupart des chats comprennent et s'adaptent aux nouvelles règles de la chambre à coucher.

Vous devrez peut-être consacrer quelques soirées à enseigner à Bébé la zone-sans-oreiller, mais il réalisera vite qu'il a toute la place qu'il veut au pied du lit. Faites de beaux rêves !

Insomnie à San Diego

Toutes les nuits, Bob Walker et Frances Mooney partagent leur lit avec jusqu'à douze chats dans leur maison de San Diego. Walker dit qu'il dort généralement sur le ventre et qu'un chat partage toujours son oreiller. On sait qu'il lui est arrivé de faire des mouvements de contorsionniste pour ne pas déranger un chat endormi sur ses jambes.

Quand on lui a parlé des conclusions de la Clinique Mayo sur les chats qui peuvent provoquer des insomnies, il ne s'en est pas ému. « Qu'est-ce qu'un léger manque de sommeil si votre chat est heureux ? » demande-t-il. « Je ne me rappelle plus la dernière fois où j'ai dormi huit heures d'affilée. Pour moi, on n'est pas un véritable amoureux des chats si on dort comme une souche.

Ahh, le grand intérieur

Q Mon chat, Bruno, est un gros animal musclé. Il est très sociable et d'un bon naturel. Depuis sa plus tendre enfance, il s'est toujours promené librement dans le voisinage. Nous avons une propriété de 4 000 m2 partiellement boisée. Bruno a maintenant 10 ans et semble se calmer. Nos hivers sont froids et rigoureux. Et la construction récente d'un nouveau quartier dans notre voisinage fait que la rue est plus fréquentée. Pour toutes ces raisons, j'aimerais que Bruno devienne un chat d'intérieur. Quelle est la meilleure façon d'y arriver sans le bouleverser ?

R Vous ne voulez sûrement pas des protestations de Bruno. N'oubliez pas que vos actions sont inspirées par l'amour et l'intérêt que vous lui portez. Vous lui faites le plus beau cadeau possible – une vie plus longue et en pleine santé.

Je vois que vous avez déjà évalué le « facteur peur » félin. Vous reconnaissez que l'âge de Bruno, plus la dégradation du climat et l'accroissement du trafic augmentent ses chances d'être blessé ou malade du fait de son style de vie vagabond. Avec Bruno à la maison, vous n'aurez plus à craindre qu'il développe un abcès après une bagarre avec un chat de gouttière, qu'il soit exposé à des produits chimiques empoisonnés utilisés dans les jardins, à de l'antigel, ou à attraper une maladie contagieuse comme la leucémie féline.

Il est bien naturel de ressentir un peu de culpabilité au début. Vous pensez sans doute que Bruno aura l'impression d'être privé de sa liberté. Et il pourrait effectivement réagir par des comportements indésirables, comme les marquages à l'urine, les miaulements devant la porte ou les griffages de votre canapé.

Pour éviter ces mauvais comportements, son domaine intérieur doit être plus attrayant et stimulant que l'extérieur, auquel il était habitué. Un chat de plein air fait davantage d'exercice, se sert davantage de ses sens, de sorte que vous devrez remplacer les vues, odeurs et sons de l'extérieur. Malgré ses dix ans, Bruno a sans doute conservé certains aspects joueurs de sa vie de chaton. Il a besoin d'exercice quotidien et de jeux interactifs pour être heureux et ne pas avoir la nostalgie du dehors. Une souris à l'herbe à chat, une canne à pêche et des jouets emplumés au bout d'un bâton peuvent s'utiliser pour faire ressortir chez lui le prédateur joueur, et fournir des exutoires à ses besoins de chasser, traquer et poursuivre. Cherchez des jouets avec lesquels il pourra jouer tout seul, tels qu'une balle sur une piste ronde, ou une souris au bout d'un élastique que vous pendrez dans l'embrasure d'une porte. Mettez quelques croquettes dans un jouet creux qu'il pourra malmener pour en faire sortir peu à peu la nourriture.

S'il manifeste de l'intérêt pour la télévision, vous pouvez lui acheter quelques émissions sur la nature, conçues pour retenir l'attention des chats. Fournissez à Bruno des endroits pour gratter et griffer, et un perchoir confortable pour voir ce qui se passe dehors. Disposer de solides griffoirs dans les pièces où vous passez tous les deux beaucoup de temps, telles que le séjour et la chambre à coucher. Installez un perchoir près d'une fenêtre avec vue sur une mangeoire à oiseaux ou un arbre que la bande d'écureuils locale aime fréquenter.

La dernière tendance en matière de décor félin, c'est l'enclos placé dehors qui permet au chat de jouir de l'extérieur sans danger. Des barrières pour chats sont également disponibles. (Voir Adresses et sites utiles, en annexes.)

Si Bruno commence à miauler bruyamment devant la porte, votre première réaction sera peut-être de lui crier dessus pour le faire taire. Cela ne marchera pas. Vous vous engagerez simplement dans une compétition du genre « lequel de nous deux peut crier le plus fort ? » Et devinez quoi ? Vous perdrez. À la place, ignorez-le. Ce ne sera pas facile au début et votre patience sera mise à l'épreuve. Quand il sera silencieux même pour quelques secondes, appelez-le et donnez-lui une friandise, ou jouez avec lui, ou grattez-le sous le menton. Avec le temps ses miaulements diminueront quand il réalisera que vous ne cédez pas à ses exigences.

Je vais maintenant aborder la question des éliminations incorrectes, qui peuvent être un problème avec un animal effectuant la transition vers une vie de chat d'intérieur. Si Bruno a toujours fait ses besoins à l'extérieur, vous devrez sans doute lui apprendre à utiliser une litière. Je vous recommande de confiner Bruno pendant environ une semaine dans une pièce petite mais agréable. Fournissez-lui une litière que vous nettoierez tous les jours. Disposez son lit, sa nourriture et sa boisson à l'opposé de la litière. Idéalement, cette pièce devrait avoir une fenêtre d'où il pourrait surveiller l'extérieur. Pensez à diffuser de la musique douce, et réservez un peu de temps tous les jours pour jouer avec lui et le câliner. Assurez-vous qu'il a des tas de jouets pour s'amuser.
Vous ne pouvez pas modérer Mère Nature, et en général, vous ne pouvez pas arrêter le progrès., mais dans votre propre foyer, vous pouvez prendre des mesures agréables pour Bruno.

L'intérieur, c'est mieux.

D'après les statistiques les chats d'intérieur vivent plus longtemps que leurs camarades de plein air. Les chats d'extérieur vivent en moyenne jusqu'à cinq ans. En revanche, les chats d'intérieur vivent souvent jusque vers 18-19 ans, et dépassent parfois les 20 ans. Bien que certains chats de plein air vivent parfois longtemps et en bonne santé, ils affrontent beaucoup plus de dangers. Les chats de plein air sont exposés à des blessures et à des maladies. Beaucoup meurent prématurément sous les roues d'une voiture ou après l'attaque d'un autre animal.

Solutions au griffage

Q J'ai accepté le fait que mon chat ait besoin de griffer. Mon problème, c'est que je n'ai pas eu beaucoup de chance dans le choix des griffoirs. J'ai commencé par un petit griffoir en solde, mais mon chat n'arrêtait pas de le renverser. Puis j'ai traîné à la maison un grand arbre à chat acheté dans une vente domestique, mais il l'a reniflé, puis ignoré. Je ne peux pas continuer à gaspiller mon argent, mais je ne veux pas non plus que mes meubles soient endommagés. Pourquoi est-il si difficile ?

R On dirait une version féline des *Trois Ours.* Pourtant, votre chat se comporte normalement. La raison pour laquelle il a rejeté le premier griffoir, c'est qu'il était simplement trop petit pour son poids ou ses muscles. Ce serait, pour vous, l'équivalent de dîner au restaurant sur une chaise prévue pour un bambin.

Le problème avec le second griffoir, c'est qu'il est « intouchable ». Vous avez pensé faire une bonne affaire en achetant un arbre à chat d'occasion, mais votre chat a eu vite fait de flairer l'odeur de son premier utilisateur. Souvent, les chats n'aiment pas partager avec des étrangers. À l'évidence, votre chat a exprimé son dédain pour l'arbre d'occasion en l'évitant.

Avant d'investir dans un troisième griffoir, prenez le temps d'observer votre chat quand il cherche un endroit à griffer. S'étire-t-il vers le haut de l'accoudoir du canapé, ou s'étire-t-il à l'horizontale sur le tapis ? Utilisez ses habitudes pour lui fournir le griffoir le plus approprié, et offrez-lui un choix.

Une surface horizontale doit être assez large pour qu'il puisse y poser ses deux pattes antérieures, et assez lourde pour ne pas bouger pendant qu'il s'en sert. Beaucoup de chats aiment le carton ondulé de ce type de griffoir, qui n'est pas très cher.
Pour un griffoir vertical, assurez-vous que la base est assez large et lourde pour supporter son poids et ses tractions. Le griffoir devra être assez haut pour que votre chat puisse se dresser sur ses deux pattes postérieures et s'étirer de toute sa taille pour y poser ses deux pattes antérieures. Cherchez-en un d'au moins 80 centimètres. S'il bouge ou oscille quand vous lui donnez un petit coup, il ne supportera pas d'être utilisé par un vrai chat.

Vous devez également déterminer quel matériau est le plus attrayant pour votre chat. Certains chats préfèrent les textures tactiles, comme le sisal, l'écorce ou le bois. D'autres félins adorent les étoffes au tissage noueux et lâche. Certains aiment les assemblages simples faits de morceaux de tapis ou de carton. Certains chats ne résistent pas aux griffoirs ou arbres qui présentent des jouets oscillant au bout d'une ficelle. Quand vous ferez vos achats tenez compte des préférences de votre chat.

Posez votre griffoir ou votre arbre dans un endroit où votre chat passe beaucoup de temps. Rendez-le encore plus attirant en y pulvérisant de l'herbe à chat fraîche. Offrez-lui différentes options dans différentes pièces.

En ma qualité d'éditrice d'un magazine sur le chat, je supervise l'évaluation des produits. Chaque mois, une équipe de chats (et chatons) testeurs, et un journaliste du magazine testent et évaluent différents produits conçus pour les félins. Quand nous avons testé un assortiment de griffoirs et d'arbres, les gagnants furent les plus stables, ceux qui s'adaptaient parfaitement aux accoudoirs des canapés, et ceux qui proposaient des angles pour le griffage horizontal, et pour le vertical.

Tous les chats méritent leur propre ameublement pour se faire les griffes. Alors, pensez comme un chat quand vous ferez vos achats. Ce n'est pas le moment de regarder à la dépense. À la fin, vous sauverez votre canapé – et votre santé mentale ! – en choisissant un griffoir ou un arbre que votre chat utilisera pendant bien des années.

Équiper un chat

Q Pendant des années, mon mari et moi avons eu des chiens. Nous approchons de la retraite et notre chien bien-aimé est décédé récemment. Nous avons tous les deux quelques limitations physiques, et nous pensons qu'il vaudrait peut-être mieux ne pas prendre un nouveau chien, mais nous voulons quand même avoir un animal à chérir. Nous avons donc décidé d'adopter un chat. Que devons-nous faire pour préparer la maison avant l'arrivée de notre nouvel ami ?

R Je vous félicite tous les deux de reconnaître qu'un chat sera mieux adapté qu'un chien à votre style de vie, alors que vous entrerez dans vos années dorées. Un chat a des besoins différents de ceux d'un chien, quoique certains soient semblables. Pour commencer, votre poussette du supermarché devra contenir deux litières, une petite pelle pour nettoyer la litière, un bol pour la nourriture, un bol pour l'eau, un collier avec sécurité, une plaque d'identité (avec votre numéro de téléphone), un peigne et une brosse, une pince à ongles, de la nourriture appropriée (dépendant de l'âge du chat), des friandises, un solide griffoir, un lit douillet, une laisse, un harnais, et, le plus important, des jouets !

Sélectionnez des jouets sans danger. Evitez les jouets comportant de petites pièces, comme des yeux, que le chat pourrait arracher et avaler. Les meilleurs sont ceux qui font appel à la nature de prédateur de votre chaton, tel que des baguettes emplumées, des mitaines souris (gants en tissu avec de longs doigts remuants), et des pipolinos – boules percées de trous et contenant des friandises.

Inspectez toutes les pièces de votre maison, et ouvrez l'œil pour repérer tout ce qui pourrait être dangereux pour votre nouveau félin. Plus précisément, assurez-vous que vous ne laissez pas traîner du fil dentaire, des pelotes de laine, des bobines de fil ou autre ficelles à sa portée. (Attention aux guirlandes de Noël !) Ces articles pourraient l'étrangler, ou être avalés par un chat curieux, et provoquer des blessures intestinales mortelles.

L'investissement initial peut causer un certain choc, mais une fois que vous avez les articles essentiels, votre budget mensuel ne devrait pas être trop amputé par la présence d'un chat. Ma dernière recommandation : réfléchissez au bien fondé d'une assurance. Même si votre chat est destiné à une vie longue et tranquille de chat d'intérieur, vous ne pouvez pas prédire quand il sera malade ou aura un accident. Protégez votre chat et votre porte-monnaie en prenant une assurance pendant que votre chaton est jeune et que la prime est basse.

Recherche : chambre avec vue

Q Mon chat, Chuck est assez farceur. Il adore jouer et courir partout dans la maison. Et il essaye tout le temps de percher son grand corps sur l'étroit rebord de la fenêtre du séjour. Il saute tout le temps dessus et en retombe aussitôt. Dans mon bureau du premier étage, il y a un rebord de fenêtre assez large pour qu'il s'y asseye, mais quand je le mets dessus, il saute immédiatement à bas. Pourquoi veut-il à toute force s'asseoir sur un rebord de fenêtre à l'évidence trop étroit pour lui ?

R Chuck sait d'où il peut assister aux activités les plus intéressantes de votre voisinage. Les chats adorent passer des heures à zieuter ce qui se passe dans votre jardin et dans la maison voisine. À l'évidence, Chuck vous dit qu'il a choisi la fenêtre de votre séjour comme poste d'observation. De là, il peut sans doute voir davantage d'oiseaux, écureuils et autres créatures intéressantes, depuis la fenêtre de votre bureau.

La solution de facilité – et qui peut se fondre dans la décoration de la pièce – c'est d'installer un rebord de fenêtre assez large pour lui dans le séjour. Ne vous inquiétez pas. Vous n'aurez pas à percer des trous dans votre mur. Beaucoup de rebords élégants se fixent par des ventouses ou du ruban adhésif. Ils sont généralement recouverts de housses pelucheuses ou en fausse fourrure, de différentes couleurs, et lavables en machine. Si vous

ne voulez pas ajouter un perchoir félin à votre rebord de fenêtre, vous pouvez installer un arbre à chat avec plateforme près de sa fenêtre préférée pour que Chuck puisse s'asseoir confortablement. Une autre solution consiste en une chaise de la salle à manger, recouverte d'une serviette pour protéger la tapisserie, que vous pouvez facilement reprendre quand vous avez des invités, et remettre en place pour le spectacle du lendemain.

Fournissez à Chuck un siège confortable dans le séjour d'où il peut s'occuper à regarder le voisinage une grande partie des heures où il est tout seul à la maison. Et il sera moins tenté par des comportements regrettables. Quand vous êtes à la maison, il pourra même vous attirer par ses miaulements pour vous faire admirer un oiseau rare, ou les curieuses socquettes qu'arbore votre voisine.

Sortir en coup de vent

Q Chaque fois que je sors de la maison, ou que j'y rentre, par la porte menant au garage, mon grand tigré orange, Morris, est prêt à se ruer dehors. C'est un chat musclé et entreprenant. Parfois, je n'ai pas le temps de refermer la porte basculante du garage avant que Morris ait filé dans l'allée. Il est censé être un chat d'intérieur, de sorte que je cours après lui pour le ramener à la maison, ce qui peut prendre du temps. Qu'est-ce que je peux faire pour empêcher Morris de s'échapper par la porte ?

R Qu'est-ce qui fait qu'un chat d'intérieur ressent le besoin de rôder dehors ? Peut-être Morris sent-il ou entend-il d'autres chats pendant la saison des amours. Peut-être est-il curieux des herbes et des arbres qu'il voit par la fenêtre (sans parler des oiseaux !) À l'évidence, il déteste sa condition de pantouflard. Il ne comprend pas qu'il est plus en sécurité à l'intérieur. Il pense aussi qu'il peut vous faire une démonstration de sa force.

Vous pouvez entraîner Morris à vous accueillir à la porte quand vous sortez ou rentrez. Prenez l'habitude de l'attirer à son endroit favori, tel qu'un rebord de fenêtre ou un arbre à chat, et dites-lui au revoir à cet endroit. Donnez-lui une friandise ou une pincée d'herbe à chat pour l'occuper pendant que vous sortez. S'il aime courir après des objets, froissez une feuille de papier pour créer des bruits séduisants et jetez-la dans la direction opposée à votre sortie. Ou lancez-lui une souris jouet pour le distraire. Et choisissez au hasard différentes portes pour sortir ou rentrer. Un chat ne pourra pas vous guetter en trois endroits différents à la fois. Exercez-vous avec la porte principale du garage fermée, de sorte que, même si Morris se transforme en Davis Copperfield, vous pourrez le recapturer facilement.

Quand vous revenez chez vous, fermez la porte du garage. Entrez par la porte de la maison, ignorant totalement Morris, perpétuellement à l'affût. Rendez-vous à son endroit préféré. Appelez-le, saluez-le, et offrez-lui une friandise. L'idée, c'est de motiver Morris à s'éloigner de la porte quand vous sortez et que vous rentrez, en échange d'un bénéfice savoureux sur son rebord de fenêtre ou son arbre à chat.

Une autre méthode consiste à le décourager d'approcher de la porte. L'une de mes amies avait un problème semblable avec son chat. Elle plaça des pistolets à eau de chaque côté de la porte. Quand elle sortait ou rentrait, elle visait bas et arrosait son chat dans la poitrine. Cela le surprenait suffisamment pour qu'il ne se poste plus aussi près de la porte. Veillez seulement à bien viser et à ne pas lui envoyer de l'eau au visage. Un hochet bruyant (vous pouvez en fabriquer un avec une bouteille de soda vide dans laquelle vous aurez mis quelques piécettes) ou quelques claquements de mains bien secs peuvent aussi le chasser assez longtemps pour que vous ayez le temps de passer la porte sans difficulté.

Pensez à satisfaire le besoin de Morris de faire l'expérience de l'extérieur en lui installant un enclos près d'une fenêtre, ou en l'emmenant promener. Mettez-lui un harnais et une laisse, et laissez-le renifler et découvrir ce qui se passe dans votre voisinage

Beaucoup de chats s'habituent à la laisse, si on procède lentement et si on les récompense pour chaque petit progrès. (En savoir plus sur l'entraînement à la laisse, voir p. 234-235.)

Si Morris s'enfuit, s'il vous plaît, ne le grondez pas quand il reviendra chez vous. Vous ne feriez que le remplir de confusion, et peut-être décourager son désir de rentrer à la maison.

À la recherche de la déco

Q Je voudrais bricoler un peu mon intérieur pour mieux l'adapter à mes quatre chats, dont l'âge s'échelonne entre deux et dix ans. Ils s'entendent bien entre eux, mais je les soupçonne de s'ennuyer un peu quand je suis à mon travail pendant la journée. Ils dorment beaucoup et ont besoin de prendre plus d'exercice. Pourtant, je ne veux pas dépenser une fortune et transformer ma maison en, disons, une maison de chats ! Je ne veux pas être cataloguée « dingue des chats ». Je ne veux pas non plus transformer ma maison en un lieu que je ne pourrai jamais vendre à l'avenir. Des conseils pour des aménagements ?

R Votre quatuor a bien de la chance de vous avoir dans leur vie. Ne vous inquiétez pas, vous êtes tout ce qu'on veut sauf une folle des chats. En fait, vous incarnez deux autres qualités : amour et considération. Vous pouvez rénover votre maison pour la rendre plus attrayante à vos félins, sans la transformer en un lieu peu attirant pour de futurs acheteurs. Si vous savez vous servir d'une perceuse et d'un marteau, vous pouvez installer une solide étagère dans un coin, où vos chats pourront se percher en hauteur, au lieu de changer complètement l'aspect de la pièce en leur aménageant une « promenade pour chat » tout le long d'un mur. Vous pouvez appuyer une planche couverte de sisal menant à un coin vide de la bibliothèque, ou emmailloter partiellement de sisal une colonnette allant du sol au plafond dans le bureau ou la salle de jeux, pour que vos chats puissent se comporter en félins pompiers, montant et descendant le long la colonnette.

Même si vous hésitez à forer des trous dans vos murs, vous pouvez donner à votre séjour l'aspect d'une vitrine de mode tout à l'adaptant aux besoins de vos chats. Parmi les nouveaux produits disponibles pour les félins et leurs propriétaires exigeants sur la décoration figurent de grands coussins, des meubles pour chats assortis à votre ameublement, des bols « design » pour manger et boire, et des boîtes de litière déguisées en jardinières.

Info chat

En anglais, un groupe de chatons s'appelle un « kinder », et un groupe de chats adultes s'appelle un « clowder ».

Finalement, vous pouvez utiliser certaines particularités de votre maison pour dissimuler des nécessités félines, telles que les litières. Mon amie Alice Moon a proposé une solution design à une cliente dont le chat urinait hors de sa litière, y compris dans la cheminée. Celle-ci ne voulait pas mettre de litière dans le séjour. Après interrogatoire, Alice apprit que la cheminée n'était pas fonctionnelle et n'était jamais utilisée. Elle suggéra alors de placer la litière dans la cheminée et d'en dissimuler l'ouverture par un pare-feu décoratif. Les besoins du chat furent satisfaits et il n'y eut plus d'incidents de miction inappropriée.

C'est le moment de faire appel à votre imagination, et non d'ouvrir votre porte-monnaie. Vous pouvez sans doute trouver d'autres façons décoratives de rendre votre maison plus attrayante pour votre fabuleux quatuor.

Présentations pour un Abyssin

Anita et Ali attendaient avec impatience l'arrivée de Chocolat, un Abyssin de 16 semaines. Ses éleveurs envoyèrent des photos de ses progrès, une litière spéciale, des friandises, et un manuel de soins pour ce chaton qui entrait dans un foyer déjà possesseur de deux chats. Sachant que l'acceptation d'un nouveau par les chats en résidence peut être compliquée, je leur fournis un plan de présentations en plusieurs étapes.

Le « prince » d'Anita était un Abyssin mâle stérilisé de huit ans, avec des habitudes de chat unique et un haut niveau d'énergie. La « grande dame », de 19 ans, était plutôt frêle, avec quelques signes de sénilité. Elle préférait une existence tranquille faite de siestes sur les genoux et d'une routine bien établie. Tous deux étaient davantage liés à leurs propriétaires qu'entre eux.

Un Abyssin de quatre mois bien socialisé est généralement plein d'assurance, et rencontrera avec enthousiasme de nouveaux chats et amis humains. Cependant, les chats adultes déjà en résidence n'accueillent généralement pas volontiers un nouveau venu. Semblables à leurs cousins sauvages, les chats domestiques manifestent des signes de protection de leur territoire, qui exigent des présentations graduelles.

Malgré un vol prolongé et un long voyage en voiture, Chocolat arriva dans son nouveau foyer en ne pensant qu'à jouer. Une salle de bains avait été préparée avec une confortable couverture, des jouets, une litière et de la nourriture, mais quand Chocolat sauta sur le meuble de la salle de bains, il fut choqué de voir un autre chaton dans le miroir. L'étape Numéro Un de mes instructions pour son intégration – lui fournir une pièce « sûre » – vira soudain à la catastrophe. Le chaton terrifié et tremblant regarda le miroir se couvrir de journaux pour lui cacher son image.

Une fois Chocolat calmé, nous étions prêts pour la seconde étape : échanger les odeurs pendant quelques jours. Cela impliquait de laisser les chats de la maison renifler le sac et la couverture de Chocolat dans la pièce sûre, pendant que Chocolat se familiarisait avec les autres pièces de la maison.

À la troisième étape, les deux chats et le chaton se virent pour la première fois à travers une porte vitrée. Il y eut quelques crachotements, mais Chocolat fut enchanté de voir un autre Abyssin. Il fit demi-tour, s'élança sur le comptoir de la cuisine, renversant au passage les deux bols d'eau des autres chats. À partir de ce moment, il devint clair qu'il n'était plus satisfait de la vie dans sa salle de bains.

Puis vint la dernière étape : le contact. Les deux chats étaient retenus par le collier pour qu'ils puissent renifler et saluer Chocolat, lui aussi retenu par son collier. La vieille chatte fit celle qui n'était pas intéressée, en se retirant. Le mâle parut froissé, mais évita poliment d'attaquer. Finalement, le repas servant de diversion, ils commencèrent à se fréquenter tous les trois.

Aujourd'hui, les trois chats ne sont peut-être pas les meilleurs copains du monde, mais l'harmonie règne. Quant à Chocolat, il exprime une personnalité typique des Abyssins en adorant voyager sur l'aspirateur.

(Contribution de Joan Miller, juge toutes races.)

Faire entrer l'extérieur à l'intérieur

Q Mon chat me rend folle ! Je l'ai adopté dans le refuge local il y a deux mois. Je veux qu'il soit un chat d'intérieur, mais il demande toujours à sortir. Je dois faire très attention quand j'ouvre la porte, à laquelle il tente de se glisser dehors. J'ai une maison avec jardin, mais je n'ai pas les moyens de tout entourer d'une clôture. J'ai essayé de l'habituer à la laisse, mais ce fut un désastre. Y a-t-il d'autres façons de satisfaire son besoin du grand air ?

R À l'évidence, votre chaton aspire aux images, sons et odeurs du dehors. Il est vraisemblable qu'il ait été un chat d'extérieur avant que vous l'adoptiez, mais avec de la patience, vous pourrez sans doute le persuader de s'adapter à une vie à la maison. Vous ne voulez pas que ses désirs d'évasions dégénèrent en problèmes comportementaux plus gênants. Son statut de chat strictement d'intérieur peut lui causer davantage de stress et d'anxiété, alors vous devez lui fournir des distractions.

Beaucoup d'entreprises créatives fabriquent différents enclos qui donnent aux chats le bénéfice de l'extérieur moins les dangers. Ils varient en taille et en prix, allant de l'enclos de fenêtre au kiosque à musique installé dans le jardin. Certains sont indépendants, tandis que d'autres sont attachés à la maison avec accès par une chatière. Tous ces enclos sont conçus pour que votre chat soit en sécurité tout en lui permettant de jouir un peu du grand air.

Certains modèles peuvent faire un trou considérable dans votre budget, mais le prix peut en valoir la peine si votre chat est plus calme et plus heureux. Même un simple enclos de fenêtre pourra donner à votre chat l'occasion de faire le plein de vitamine D au soleil, et d'être hors de portée de patte de dangereux prédateurs.

Les modèles les plus élaborés peuvent avoir des grillages susceptibles de remplir une bonne partie de votre jardin. À l'intérieur de l'un d'entre eux, votre chat pourra sans danger jouer dans l'herbe, grimper à un arbre, et chasser les insectes. Vous pouvez aussi placer à l'intérieur du grillage un griffoir ou acheter un arbre à chat, pour que votre chat puisse griffer et grimper, et se nicher dans des trous.

> **Info chat**
>
> **Sir Isaac Newton, découvreur des lois de la gravitation, inventa également la chatière.**

S'il vous plaît pensez toujours à la sécurité dans votre choix d'enclos. Assurez-vous qu'il est attaché à votre maison, ou qu'il peut se voir facilement de l'intérieur. L'enclos devrait être dans des endroits ensoleillés et ombragés, contenir de l'eau fraîche, et respecter les décrets municipaux.

Le pouvoir du jeu

Q Mes deux chiens aiment jouer ensemble et avec nous. Mais ma chatte, Mandarine, se contente de regarder. Une fois sortis de l'enfance, est-ce que les chats aiment jouer ? En ont-ils besoin ? Mandarine semble se satisfaire de se toiletter, de s'asseoir sur mes genoux, de manger et de dormir. Dois-je m'en inquiéter ?

R Les chats adultes ne sont pas des meubles poilus et ramasse-poussière. Comme leurs équivalents canins, les félins désirent – et ont besoin de jouer. Passer son temps à se toiletter, manger et dormir peut faire de Mandarine une chatte ennuyeuse. Je suis une ardente promotrice des jeux dans un but précis. En effet apprendre à jouer à votre chatte peut améliorer sa sociabilité et sa santé. Le jeu conserve le cœur des félins en bonne forme, délie leurs articulations et renforce leurs muscles. Il permet également aux chats d'exercer leurs dons de chasseurs et de bagarreurs, et renforce leurs liens avec vous. Une vie active les empêchera de devenir obèses. Et de l'exercice régulier les conservera mentalement alertes.

Les chatons apprennent à se comporter comme des chats lors de séances de jeu supervisées par leur maman. Pour les chats le jeu se divise en deux catégories : sociale et orientée vers des objets. Le jeu social inclut d'autres chats, des animaux de compagnie de la famille – comme vos deux chiens – et des gens. Le jeu orienté sur des objets comprend la manipulation d'un jouet ou d'un autre objet qui améliore la dextérité du chat.

Bien que certains chats soient nés pour jouer, Mandarine semble avoir besoin d'un peu d'encouragement. Une façon de la motiver, c'est de choisir le bon jouet. Mon frère Kevin, à un plein coffre de jouets pour félins à l'intention de son chat Speedy. Ils comprennent une balle de ping-pong, une souris, de l'herbe à chat au bout d'une ficelle, et des boules de papier ou de feuilles d'aluminium froissés. Comme beaucoup de chats joueurs, Speedy fera comprendre qu'il veut jouer en se frottant contre les jambes de Kevin, puis en s'éloignant en courant. D'autres indices montrant son désir de jouer sont de vous poser la patte sur le bras ou de vous regarder dans les yeux sans ciller.

Faites participer un de vos chiens ami des chats. Essayez d'accrocher de longues ficelles au collier de votre chien. En se promenant dans la maison, il baladera la ficelle derrière lui. Cela peut éveiller le penchant de Mandarine à bondir. N'oubliez pas qu'avec les chats, le mouvement est tout. Ils aiment chasser, traquer et poursuivre les objets mobiles. Assurez-vous simplement que le chien est d'humeur joueuse, et tolérant pour les facéties du chat. Pour des raisons de sécurité, supervisez toujours le jeu et mettez-y fin sur une note heureuse.

S'il vous plaît, soyez persévérante et encourageante. Il faudra peut-être quelque temps à Mandarine pour se transformer en une chatte joueuse. N'hésitez pas à la complimenter bruyamment pour qu'elle sache qu'il s'agit d'un moment spécial passé avec vous. Quand Mandarine aura pris l'habitude de vous considérer comme la Reine du Jeu Félin et qu'elle sentira qu'elle est une compagne aussi chérie que vos deux chiens, vous découvrirez sans doute un nouvel aspect merveilleux de sa personnalité.

Maîtres designers pour félins

Je vous parlais de Bob Walker et Frances Mooney à San Diego qui partagent leur foyer avec une douzaine de chats adoptés dans des refuges. Malgré cette foule de minous, il n'y a pas de chamailleries ni de marquages à l'urine dans la maison, parce que Bob et Frances ont créé une maison de rêve pour les félins. Ce talentueux couple, ami des chats, a utilisé des matériaux bon marché pour créer un gymnase ressemblant à une jungle, qui satisfait le plus curieux des chats.

Il y a des chats partout, grâce à la mise en place de griffoirs du sol au plafond, de passerelles, de rampes et de cagibis. Dix mètres de sisal sont enroulés autour d'une colonne et d'une corniche proche du plafond, où les chats sommeillent de contentement. Une « autoroute aérienne » en contreplaqué peint sillonne les pièces. Il y a même des trous dans les murs pour passer d'une pièce à une autre. Des peintures de couleurs vives et des détails amusants ajoutent à ce spectacle unique.

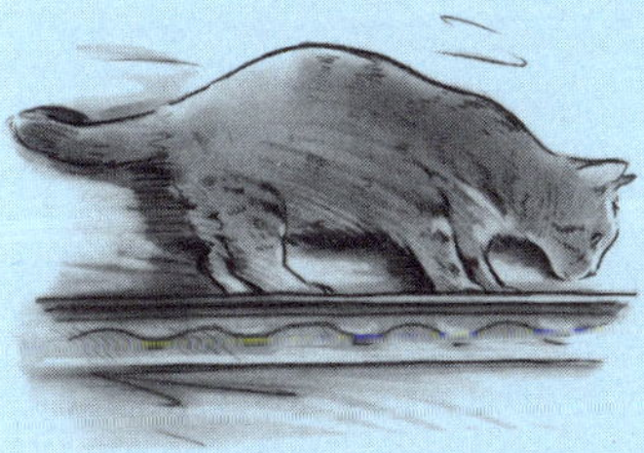

Dans leur livre, *The Cat's House – La Maison des chats*, Bob et Frances donnent des conseils sur la manière de construire rampes, passerelles et autres. Tous les ans, ils ouvrent leur maison aux touristes, reversant le produit des entrées à une société locale pour la protection des chats.

Dans cette maison, on n'a jamais à s'inquiéter de griffures sur le canapé ou d'une chaussette volée. Il y a beaucoup trop de super-distractions pour occuper les besoins corporels et mentaux de toute la troupe. Comme dit Bob : « Si la possession représente les neuf dixièmes de la loi, notre foyer appartient véritablement aux chats. Après tout, nos chats sont à la maison plus souvent que nous. »

La joie des jouets

Q Réglisse, mon chat de cinq ans, a tellement d'énergie qu'il m'épuise. Il ne cesse de me harceler pour que je joue avec lui, bien que je lui consacre beaucoup d'attention. Pouvez-vous me suggérer des jouets sans danger qui l'occuperont et me permettront de lire un livre tranquillement sans ses coups de patte incessants ?

R Êtes-vous sûre que vous n'avez pas un chiot Labrador déguisé en chat ? Je souris de toutes mes dents quand j'entends parler d'un chat adulte qui adore encore jouer. Mais je sympathise avec votre désir de pouvoir lire un livre, regarder la télévision ou travailler sur l'ordinateur sans les harcèlements incessants de Réglisse.

Réglisse semble avoir un grand besoin d'exercice. Comme les chats ne sont pas les bienvenus dans les gymnases locaux pour prendre une bonne suée et déchaîner leur énergie refoulée, il faut apporter le gymnase à votre chat. Je ne parle pas de lui apporter des souris vivantes à chasser, ou de planter un arbre au milieu de votre séjour, quoi que les deux lui plairaient sans doute beaucoup ! Mais fournissez-lui deux ou trois endroits sur lesquels il pourra sauter – peut-être un arbre à chat à plusieurs niveaux couvert de tapis, ou une étagère dans un coin donnant sur la salle de télévision.

Autre suggestion : encouragez Réglisse à jouer avec sa nourriture. Au lieu de remplir son bol de croquettes, faites du repas une course au trésor. Prenez quelques morceaux et posez-les sur chaque marche d'un escalier, ou à intervalles réguliers dans un long couloir, qu'il cherchera au flair avant de les manger. Faites cela tous les matins avant de partir à votre travail pour occuper son temps, et de nouveau en début de soirée quand vous rentrez chez vous et que vous avez envie de vous détendre. Vous pouvez aussi mettre des friandises spéciales dans une boule présentant de petites ouvertures. Quand elle est triturée ou pressée, la boule bouge et libère de savoureux petits morceaux, un à la fois. Observez Réglisse quand il part en chasse de nourriture.

Voici quelques jouets qui ont passé les tests haut la patte et qui ont été approuvés par notre équipe de chats testeurs.

▶ **Boules dans des boîtes.** Ces jouets ressemblent à une version féline du Rubik's cube. Certains des plus populaires se présentent sous forme de boîtes carrées, avec des trous au sommet et sur les côtés, assez grands pour y insérer des boules que le chat pourra pêcher avec ses pattes.

▶ **Tournez, tournez manège.** Pour les chats qui aiment chasser, essayez une balle sur une lourde piste en plastique qui tourne à chaque coup de patte. Au centre de certaines balles se trouve du carton ondulé à griffer. Les chats ont le double avantage de chasser et de se faire les griffes.

▶ **Jouets mobiles.** Les jouets à piles et à télécommande tournent et se déplacent de façon erratique, mimant les mouvements des insectes. Certains de ces jouets se

Info chat

Ne laissez pas une légende urbaine vous cacher la vérité. Les toxicologues vétérinaires affirment que les produits Fabreze pour désodoriser les tissus sont sans danger pour les chats, si vous suivez les instructions d'emploi.

présentent sous l'apparence de chats de dessins animés comme Garfield.

Mon conseil final : S'il vous plaît, réservez en plus 10 à 15 minutes par jour pour jouer avec Réglisse. Enseignez-lui quelques astuces en l'entraînant à l'agilité par des claquements de langue. Vous contribuerez ainsi à accroître son assurance et à le maintenir en forme. Bien que les jouets qui peuvent l'occuper soient précieux, ils ne doivent jamais remplacer le lien spécial créé par le temps que vous passez avec votre minou.

Jouets absolument interdits

Ne laissez pas votre chat jouer avec les articles suivants. Ils sont trop facilement avalables et peuvent s'enrouler autour de son cou.

- Laine et ficelle
- Fil dentaire
- Élastiques
- Trombones
- Sacs en plastique
- Embrasses de rideaux

Marche fantôme

Q Mes quatre chats nous accompagnent, mon chien et moi, dans nos promenades, mais la plupart s'arrêtent au bout d'une centaine de mètres. Pourtant, Luther est très persévérant et nous suit où que nous allions. Il miaule et miaule jusqu'à ce que je m'arrête et attende qu'il nous rattrape. Généralement, nous faisons de courtes promenades quand nous sommes « rattrapés » par Luther, mais un jour, il nous a suivis jusqu'au court de tennis local. Il avait été obligé de traverser des rues et plusieurs endroits découverts pour rester à notre niveau. Pourquoi nous suit-il si c'est tellement stressant pour lui ?

R Il s'agit d'un cas de « minou voit, minou va ». À l'évidence, Luther est un chat plein d'assurance qui a confiance en vous et en votre chien, dans le voisinage et en lui. En général, les chats ne fréquentent pas les endroits découverts s'ils y sentent un danger. Ils ont plutôt tendance à se cacher dans les buissons ou à repérer un arbre où grimper en cas de danger.

Mais pas M. Luther. Mettez cette habitude sur le compte de sa puissante personnalité. Je n'attribuerais pas ses vocalises au stress, car il veut simplement bavarder pendant vos sorties. Répondez-lui d'un ton joyeux. Il veut juste faire partie de la bande. Vous devriez prendre çela comme un grand compliment félin.

Mon chat Willy, est prêt à suivre quiconque porte une canne à pêche, qu'il associe avec de savoureux poissons. J'ai fait plusieurs fois l'expérience de sortir avec une canne à pêche, mais en me dirigeant dans la direction opposée à celle du petit étang du jardin. Et Willy a toujours trottiné joyeusement près de moi. Il pensait peut-être que j'allais au lac plein de poissons par le chemin panoramique.

On dirait que votre voisinage est tranquille, sans beaucoup de circulation, et que vous gardez l'œil sur votre entourage félin, surtout sur le vagabond Luther. Je vous recommande quand même d'habituer Luther à porter un harnais pour chat, pour pouvoir le retenir en cas de danger imprévu. Et ce serait une bonne idée de compter les têtes pour vous assurer que tous les chats sont dans la maison avant que vous sortiez pour de longues promenades avec votre chien.

Info chat

La plupart des chats n'ont pas de cils.

Dernières volontés

Que se passera-t-il si vous mourez avant votre chat ? Ou si vous tombez malade et que vous soyez handicapée ? Avez-vous un projet pour assurer son existence ? Inclure votre chat dans votre testament ou vos dernières volontés est le plus beau cadeau que vous puissiez faire à votre ami félin. Je vous recommande de travailler en accord avec un notaire spécialisé dans les successions pour exprimer officiellement vos intentions en ce qui concerne la vie de votre chat.

Souvent, les testaments ne sont lus que des semaines ou des mois après un décès. C'est pourquoi il est également important de nommer un couple de « tuteurs » qui ait accepté de s'occuper de votre chat dans le cas où quelque chose vous arrive. Exprimez votre volonté par écrit sur une carte d'urgence que vous mettrez dans votre portefeuille, et faites connaître vos arrangements à votre famille et à vos amis.

Faire ainsi des plans pour parer à toute éventualité n'est pas une partie de plaisir, mais cela fait, vous aurez l'esprit en paix, sachant que votre animal sera bien soigné après votre départ.

Clic ! Clic ! Éduquez votre minou

Q Mon mari et moi, nous avons des avis différents sur la capacité des chats à apprendre des tours. Mon mari pense que les chats ne veulent plaire qu'à eux-mêmes, et n'ont aucun intérêt pour les tours que les chiens apprennent volontiers. Moi, je crois qu'avec les bonnes motivations, nous pouvons apprendre à notre chat à tendre la patte, à s'asseoir, et autres comportements. J'espère que vous pourrez nous dire qui gagne ce pari. Lequel de nous deux a raison ?

R C'est vous qui gagnez ce pari, haut la patte ! Généralement, on ne pense pas aux chats comme à des cabotins, mais beaucoup exécutent des tours dans des cirques, et participent à des spectacles de rue et à des films. Une méthode efficace pour travailler avec des chats, c'est l'éducation par le conditionnement positif. Cette méthode s'appuie sur l'émission de sons différents pour renforcer les actions désirées. Karen Pryor, comportementaliste animalière de réputation mondiale, a d'abord utilisé cette méthode sur des dauphins. Il y a environ vingt ans, elle a commencé à l'utiliser aussi sur des chats, des chiens et d'autres animaux. Elle fait figure de pionnière en la matière. Elle existe aussi en France.

Cette éducation est une technique qui s'appuie sur le conditionnement positif pour provoquer une action ou un comportement désiré, sans utiliser la force ni les cajoleries. Les prémisses sont simples : encourager l'animal à exécuter les actions désirées en récompensant le comportement approprié. Cette méthode réussit parce qu'elle ne fait pas appel à des punitions. Vous attirez l'attention sur le comportement que vous désirez de votre chat et vous ignorez ses autres actions.

Concernant votre propre chat, voici quelques conseils pour faire « ressortir » ses propres talents grâce à l'éducation par les clics. Vous pouvez acheter une petite crécelle en plastique dans la plupart des magasins spécialisés, ou utiliser un stylo à bille. Quel que soit l'instrument choisi, il est important de vous y tenir, pour que le son distinctif alerte votre élève félin. Faites le son « clic », et donnez-lui une friandise. Au cours des quelques premières séances, vous faites simplement entendre le son à votre chat, en reliant ce dernier à l'idée de friandise.

Le timing est la clé du succès dans ce genre d'éducation. Quand votre chat fait quelque chose que vous désirez, par exemple soulever une patte antérieure, tournez la crécelle ou pressez le stylo, donnez-lui une petite friandise et dites aussitôt « patte » pour renforcer le comportement désiré. Avec le temps, une ampoule va s'allumer dans la tête de votre chat quand il commencera à reconnaître le lien entre le mot « patte » et le son du clic renforceur. Pour utiliser un clic pour enseigner à votre chat à s'asseoir à la demande, commencez à le faire asseoir avec une friandise, ou une baguette que vous déplacerez lentement au-dessus de lui, de sa tête vers la queue. Laissez la gravité devenir votre alliée. Sa tête suivra la friandise au bout de la baguette, et son postérieur touchera naturellement le sol. Quand cela se produira, cliquez et donnez-lui la friandise. Le clic signifie « mission accomplie ». S'il ne s'assied pas, ne faites rien. Ne lui donnez pas la friandise et ne dites pas un mot. Laissez-le réfléchir à ce qui lui vaut une savoureuse récompense ou rien du tout.

Il vous suffit d'investir quelques minutes par jour dans ce genre d'éducation. Les félins apprennent mieux au cours de mini-séances que par des leçons marathons. *Leur capacité d'attention se limite à cinq ou dix minutes. Effectuez vos séances éducatives en un lieu tranquille où vous pourrez travailler sans distractions. Prévoyez ces séances avant un repas, pour que votre chat affamé soit davantage motivé pour apprendre.*

À l'aide de votre clicker, vous pouvez éduquer votre chat à obéir à certains ordres de base, de même qu'à d'autres choses qui n'ont pour limite que votre imagination et les préférences de votre animal. Par exemple, vous pouvez lui enseigner le cha-cha-cha, s'il aime marcher en avant et en arrière quand il vous suit dans la cuisine. Vous pouvez aussi l'entraîner à tourner en rond, à tendre la patte, et même à miauler à volonté. La beauté de l'entraînement au clicker, c'est sa récompense. Quand votre chat saura exécuter régulièrement quelques tours appris au clicker, organisez une représentation pour votre mari, et jouissez de sa stupéfaction devant ces tours félins. (Pour en savoir plus sur les chats savants, voir p. 160.)

Les 10 règles essentielles pour l'éducation des chats

1. Prononcez toujours le nom de votre chat pour attirer son attention avant de lui donner un ordre.
2. Utilisez toujours les mêmes signaux oraux et gestuels.
3. Tenez compte de l'humeur de votre chat. Entraînez-le quand il est réceptif à l'apprentissage, pas quand les leçons conviennent à vos propres horaires.
4. Choisissez une pièce tranquille où vous pouvez être seule avec votre chat.
5. Soyez positive, patiente et encourageante.
6. Récompensez-le par une friandise et par des louanges enthousiastes après chaque réussite, si petite soit-elle.
7. Commencez par les ordres de base : viens, assis et pas bouger.
8. Décomposez le comportement désiré en petites étapes et construisez à partir de chacune.
9. Enseignez à votre chat un seul tour à la fois. Les chats ne sont pas encore passés maîtres en multitâches.
10. Les séances d'entraînement doivent être simples et courtes – pas plus de cinq à dix minutes à la fois.

Place aux athlètes félins

Q Ces dernières années, j'ai pris beaucoup de plaisir à rivaliser d'agilité avec mon berger australien. Récemment, j'ai adopté une chatte siamoise très intelligente, dans un groupe qui recueille les chats de pure race. Simone a deux ans. Nous nous sommes liées très vite. Elle me suit dans la maison comme un chien, papote avec moi, et aime apprendre. Elle s'assied et tend la patte sur commande. J'ai lu quelque chose où il était question d'agilité pour les chats. Pouvez-vous m'en dire plus sur la question ?

R Pousse-toi, Rover ! Les chiens n'ont pas de monopole quand il s'agit d'exposer leurs capacités athlétiques en public ! L'agilité consiste à effectuer un parcours d'obstacles en un temps donné. Ce sport relativement jeune commence à se développer en France, surtout parmi les chats athlétiques à personnalité extravertie. En général, les Siamois y réussissent bien à cause de leur intelligence et, disons, de leur nature canine quand il s'agit d'apprendre.

Info chat

Les chats domestiques sont capables d'atteindre une vitesse d'environ 50 km/h. Leur cousin sauvage, le guépard, peut filer à environ 115 km/h.

L'agilité féline consiste en un parcours d'obstacles en un temps donné. Les chats concourent un à la fois, sur un parcours qui comprend des marches couvertes de tapis, des piquets, des cerceaux, des tunnels et des haies de différentes hauteurs. Certaines compétitions comprennent aussi des échelles, des tables et des rampes. Les soigneurs les motivent en leur faisant suivre un leurre sur un parcours d'obstacles.

Comme vous le savez de par vos compétitions canines, la précision est plus importante que la vitesse. Les concurrents gagnent des points pour avoir triomphé d'obstacles dans un ordre donné. Vos chances de gagner décroissent si votre chat néglige un obstacle ou ne les prend pas dans le bon ordre.

Certains chats pourraient être de grands athlètes, mais ils préfèrent être des pantouflards. Si c'est le cas de Simone, vous pouvez créer un parcours chez vous en utilisant certains meubles, dont les chaises de la salle à manger, des tables, des ottomanes, et de solides boîtes en plastique avec couvercle. Soyez imaginative – vous pouvez vous servir d'un hula-hoop pour la faire sauter à travers. Que vous alliez à des compétitions publiques ou que vous jouiez simplement dans l'intimité de votre maison, l'agilité donne à votre chat l'opportunité de faire de l'exercice, et une bonne occasion de frimer. Que la fête commence ! (Pour en savoir plus, voir Maîtres du Ring, p. 241)

Seule et unique

Q Nous aimons notre chatte, Polly. Nous lui avons donné ce nom parce qu'elle se perche souvent sur l'épaule de mon mari, comme un perroquet. Beaucoup de nos amis ont deux chats ou plus. Certains remarquent que Polly doit se sentir bien seule d'être l'unique chat du foyer. Nous, nous pensons qu'elle est heureuse. Comment savoir si elle se sent seule ou si elle apprécie d'être l'unique chat de la maison ?

R S'il vous plaît, n'écoutez pas vos amis qui vous mettent la pression pour ajouter un autre animal à votre foyer. Il n'y a rien de mal à n'avoir qu'un seul chat. Beaucoup de gens préfèrent n'en avoir qu'un seul, ce qui permet de le combler d'attention et d'affection. Le but, c'est de trouver le bon chat, et de reconnaître à quels signes il ou elle est content de vivre sans un copain félin.

Mon amie Déborah a un Siamois de deux ans nommé Cristal qui régente le perchoir. Déborah travaille dehors de longues heures, mais quand elle met la clé dans la serrure, Cristal est là, qui l'attend avec son jouet préféré, M. Lion, dans la bouche. Déborah salue immédiatement Cristal et joue avec lui quelques minutes avant même d'enlever son manteau.

Quand Déborah part en voyage, elle s'arrange avec des amis pour qu'ils prennent Cristal chez eux. Le monde de ce chat tourne autour d'une seule personne, et c'est parfait pour lui. Il n'a pas besoin de compagnie féline et n'en désire pas parce qu'il reçoit beaucoup d'attention et d'amour de la part de Déborah.

Certains chats se trouvent mieux d'être le seul et unique de la maison. Les candidats les plus probables au statut de chat unique sont les chats d'un certain âge, ceux de santé fragile, ceux qui sont séropositifs, ceux qui sont territoriaux, et ceux qui son très timides ou nerveux. Les chats élevés avec leur portée, ou qui ont vécu heureux avec d'autres chats apprécieront sans doute davantage la présence d'un compagnon félin.

Contrairement aux chiens, il est rare que les chats manifestent l'anxiété de la séparation. Vous ne trouverez pas votre chat-seul-à-la-maison en train de griffer la porte d'entrée ou de creuser le tapis du séjour – comportement fréquent chez les canins anxieux. Toutefois, il y a des façons par lesquelles un chat trop attaché à une personne peut manifester que cette personne lui manque quand elle n'est pas là. Ces comportements incluent le toilettage excessif, les vocalisations, et le pipi hors de la litière.

Mais ce n'est pas parce que Polly est votre seule et unique chatte qu'elle doit se sentir seule ou s'ennuyer. Assurez-vous de parler et jouer avec elle tous les jours. Vous pouvez enrichir sa vie de chat d'intérieur et la rendre plus excitante en changeant ses jouets. Proposez-lui des jouets puzzle et des circuits, montrez-lui des vidéos d'animaux à la télévision, et proposez-lui de grimper aux arbres et/ou offrez-lui un observatoire extérieur. Voici deux de mes idées favorites : disposez une mangeoire à oiseaux dehors, en vue d'une fenêtre près de laquelle votre chat pourra se poster, et ajoutez un aquarium à votre séjour. Simplement, soyez charitable avec ces poissons, en veillant à ce que l'aquarium soit pourvu d'un solide couvercle.

Info chat

Le premier concours de chats des États-Unis eut lieu en 1 895 à Madison Square Garden, à New York.

Médicalement et émotionnellement, il y a des plus à n'avoir qu'un seul chat dans la maison. Vous pouvez repérer plus tôt les problèmes de santé. Vous avez tendance à remarquer les changements dans les habitudes alimentaires ou sanitaires de votre chat, mieux que si vous en avez plusieurs. Remarquer plus tôt ces signes avertisseurs pour favoriser les chances d'un bon diagnostic et d'un meilleur traitement.

Pouf ! Le chat a disparu !

Q Récemment, le Bobtail japonais de ma voisine s'est perdu quand un technicien a laissé la porte de derrière ouverte en s'en allant. Nous avons organisé des recherches dans le voisinage pour retrouver Sphynx, et heureusement, nous l'avons récupéré le lendemain, caché dans des buissons trois maisons plus loin. En tant que propriétaires de deux chats d'intérieur, je m'inquiète de ce qui arriverait s'ils devaient soudain se retrouver à l'extérieur. Pourquoi des chats d'intérieur heureux peuvent-ils avoir envie de s'aventurer dehors tout seuls ? Quels conseils pouvez-vous me donner pour les chercher comme il faut ?

R Vous êtes en bonne compagnie. Tous les propriétaires de chats d'intérieur se sentent un peu nerveux quand ils pensent que leurs félins chouchoutés affrontent les dangers du vaste monde. En tant que jeune adulte, j'avais une chatte nommée Samantha qui adorait traîner dans le jardin avec une légère chaîne accrochée à son collier. Je la surveillais toujours, mais une fois, je rentrai en coup de vent pour répondre au téléphone, et à mon retour, cinq minutes plus tard, elle avait disparu ! Tout ce qui restait d'elle, c'était la chaîne, toujours attachée à son collier. Je l'appelai et la cherchai, sans succès pendant près de deux mois, quand elle reparut sur le perron de mes voisins. Elle avait besoin de soins vétérinaires parce qu'elle était déshydratée, mais elle survécut, et je m'estimai heureuse de l'avoir retrouvée.

Même des chats pantouflards contents de leur sort sont curieux et ont un instinct de chasseur. Les images, sons et odeurs du grand air peuvent les tenter davantage que le bain de soleil sur le canapé. Les chats pensent au moment présent. Une porte s'ouvre, et le chat se glisse dehors. Il n'a pas de plan de secours pour ce qui arrivera s'il oublie le chemin pour rentrer à la maison. Mais nous pouvons améliorer nos chances de retrouver nos chats si nous savons reconnaître les comportements typiques des chats perdus.

La plupart des chats qui se glissent dehors par une porte ouverte ne vont pas très loin. Les chats d'intérieur ont plutôt tendance à se cacher qu'à fuir, parce que se cacher est une réaction instinctive. Cela dit, ils peuvent être fameusement bons pour trouver des cachettes et vous mettre sérieusement à l'épreuve pour les extraire d'endroits inaccessibles.

Connaissez la personnalité de votre chat. C'est important, parce que cela vous aidera à le retrouver. Cela vous intéressera peut-être d'apprendre que les chats peuvent se classer en quatre catégories. Permettez-moi de vous aider à reconnaître chacun de ces profils types.

▶ **Chats xénophobes.** Ils ont peur de tout ce qui est nouveau ou inconnu. Ils ont tendance à fuir et à se cacher quand vous avez des invités, et refusent de refaire surface avant plusieurs heures après leur départ. S'ils se retrouvent dehors, ces chats ont tendance à être paralysés par la peur et à ne pas aller très loin. Si vous avez un tel chat qui disparaît, le mieux est de disposer un piège à appâts sans danger près de chez vous. Placez par exemple une soucoupe de thon dans le piège pour qu'il y entre.

▶ **Chats prudents.** Ils disparaissent quand des invités arrivent chez vous, puis ils reviennent lentement examiner les nouveaux venus. Si votre chat tombe dans cette catégorie, livrez-vous à une fouille en règle des maisons voisines, et disposez des pièges sans danger dans les jardins de vos voisins. Ces chats, quand ils ont rassemblé leur courage, ils ont tendance à sortir de leur cachette au bout d'un jour ou deux, et essayent de retrouver le chemin de la maison. Ils peuvent même miauler s'ils entendent votre voix.

▶ **Chats distants.** Ils évitent les gens qu'ils ne connaissent pas, y compris les membres d'un groupe de secouristes. Les chats de ce type sortiront éventuellement de leur cachette et, soit reparaîtront en miaulant à votre porte, soit se mettront à voyager. Pour ces chats, le mieux est de disposer des pièges à nourriture sans danger dans tout le quartier, tout en fouillant les jardins proches de l'endroit où ils ont disparu.

▶ **Chats extravertis et curieux.** Ils agissent comme des ambassadeurs de votre foyer. Ils aiment rencontrer et saluer vos invités. Si vous avez un chat qui correspond à cette description, sachez qu'il aura tendance à vagabonder, car il ne s'effraie pas facilement. Avec cette sorte de chat, le mieux est de bavarder avec les voisines, parce que votre chat en a peut-être charmé une au point de se faire nourrir et héberger.

Info chat

En 1952, une tigrée du Texas nommée Dusty est devenue la championne de la fécondité, après avoir donné le jour à 420 chatons. Elle eut sa dernière portée à l'âge de 18 ans.

Quand vous cherchez votre chat, résistez à la tentation de courir, parce qu'un mouvement rapide pourrait l'effrayer et l'inciter à se cacher encore mieux. Ne vous contentez pas de demander à vos voisins s'ils ont vu votre chat. Demandez-leur l'autorisation de regarder sous leur terrasse, dans leur jardin, et dans d'autres endroits offrant des cachettes. Votre chat en sortira plus facilement pour vous que pour un étranger.

S'il se trouve que vous possédez plus d'un chat, et que tous s'entendent très bien, mettez le copain félin dans un sac et emportez-le pendant vos recherches. L'odeur de ce chat suffira peut-être à faire sortir le chat perdu de sa cachette.

Pour un chat d'intérieur qui a disparu, disposez des griffoirs aux couleurs vives dans un rayon de plusieurs centaines de mètres. Faites en sorte qu'ils accrochent le regard et qu'y figurent une photo de votre chat, son nom, vos coordonnées, et peut-être une récompense. N'oubliez pas d'autres possibilités telles que contacter les cliniques vétérinaires locales, les refuges locaux, et les commissariats de police.

Permettez-moi de vous suggérer une dernière stratégie : si possible, laissez une porte à glissière ouverte sur 15 à 20 centimètres, ou une porte de derrière ou de garage, entrouverte. Certains chats attendent la nuit pour sortir de leur cachette, et revenir à la maison quand ils sentent qu'ils ne courent aucun danger à le faire. Vous serez soulagée au matin de voir votre chat « perdu » assis près de son bol dans l'attente de son petit-déjeuner.

Parlons pièces d'identité

Q Mon chat, Chance, porte une plaque d'identité à son collier. Il semble ne jamais avoir envie de sortir de la maison. Mon beagle, d'autre part, ne vient pas toujours quand on l'appelle. J'ai investi dans une puce électronique d'identification pour le chien, mais je ne vois pas l'utilité d'en faire autant pour Chance. Ai-je tort ?

R Bien que Chance aime la vie sédentaire, il pourrait se perdre. Nous ne pouvons pas tout le temps surveiller nos chats. Il peut s'égarer au moment d'un déplacement en voiture, si une porte de votre maison est restée ouverte, ou en d'autres circonstances. Le coût d'une micropuce est abordable de nos jours, et n'a pas de prix quand il s'agit de réunir un animal perdu à son propriétaire reconnaissant. Contactez votre vétérinaire ou le refuge local pour en savoir plus sur la procédure. Beaucoup de cliniques et de refuges proposent des micropuces discount certains jours du mois ou pendant des événements spéciaux.

Bien que Chance arbore une plaque d'identité, il pourrait perdre son collier ; c'est pourquoi je défends les micropuces avec enthousiasme. Une micropuce ne garantit pas automatiquement le retour de votre chat perdu, mais en accroît certainement la possibilité. La pose d'une micropuce est rapide et pratiquement sans douleur. Votre chat n'aura pas besoin d'anesthésie. Un vétérinaire utilise une aiguille spéciale pour insérer la micropuce (d'environ la taille d'un grain de riz) sous la peau de votre chat, entre les omoplates. Un chat trouvé sans identification extérieure sera scanné avec une baguette spéciale communément présente dans les cliniques vétérinaires et les refuges. La micropuce donnera des informations sur vous, votre vétérinaire et le fabricant de la micropuce.

Il est regrettable que 40 % des gens qui font poser une micropuce à leur chat n'aillent pas jusqu'à la dernière étape de la procédure. La puce est inutile si elle ne contient pas vos coordonnées. Assurez-vous que vous remplissez complètement les papiers et que vous les envoyez (avec le prix de l'inscription à ne payer qu'une fois) au fabricant de la puce ou à un service national de récupération. L'inscription doit être à jour si vous déménagez, et disposez d'un service de récupération disponible 24 heures sur 24 est la meilleure protection.

Marche par ici

Q Ma chatte, Sissy, est très mûre et assez curieuse. Je viens de déménager pour m'installer dans un quartier tranquille, après avoir vécu en appartement avec elle pendant deux ans. J'aimerais l'emmener en promenade pour lui donner l'occasion d'être au grand air. Je ne veux pas risquer de la perdre, alors je voudrais lui enseigner à marcher au bout d'une laisse. Comment dois-je m'y prendre ? Est-ce qu'elle tolérera la laisse ?

R Votre succès dans cette entreprise dépend premièrement de votre attitude. Faites-moi confiance, les chats comprennent parfaitement nos coups de bluff. Si vous avec de l'appréhension ou des hésitations sur la procédure, ou si vous vous énervez, votre chatte vous recevra cinq sur cinq.

Deuxièmement, appliquez cette règle cardinale pour les chats : quand il s'agit de se prélasser dehors au bout d'une laisse, c'est le chat qui commande. N'allez pas croire que Sissy va se mettre à agir comme un caniche qui vient d'être classé premier au cours d'obéissance. Sissy commande, et vous, vous suivez.

Troisièmement, une laisse seule ne suffira pas. Il faudra l'équiper d'un harnais, afin qu'elle n'ait pas la possibilité de glisser la tête hors de son collier et de se perdre. N'utilisez pas un harnais pour petit chien. Il vous faut un harnais spécialement conçu pour un chat, afin qu'elle n'ait pas la possibilité de s'en débarrasser. Les meilleurs sont ceux en forme de huit, ainsi que les manteaux de promenade.

L'éducation au harnais réussit le mieux en observant les étapes suivantes :

1 Quand vous apporterez chez vous le harnais et la laisse, laissez-les près du bol de nourriture de Sissy ou de son griffoir pendant quelques jours. Ne dites rien. Laissez-la s'en approcher de son plein gré pour les observer.

2 Quand Sissy sera d'humeur joyeuse et détendue, attirez-la dans un petit jeu avec le harnais et la laisse. Balancez le harnais devant elle et laissez-la lui donner des coups de patte. Traînez la laisse par terre pour l'encourager à la pourchasser et à bondir dessus. Dans l'esprit de votre chatte, vous associez ces deux objets au jeu et à l'amusement.

3 Ensuite, mettez le harnais à Sissy à l'intérieur de la maison, cette action étant associée à beaucoup de compliments et quelques friandises. Laissez-la évoluer librement avec le harnais. Si elle se débat ou s'efforce de se débarrasser du harnais, enlevez-le calmement, et répétez l'étape 2 avant de faire une autre tentative. Mais si elle ne se rebiffe pas, laissez-lui le harnais quelques minutes avant de le lui enlever.

4 Il est temps d'attacher la laisse à notre chat porteur du harnais. De nouveau, cette étape doit se passer à l'intérieur, et de nouveau, contrôlez le niveau d'acceptation de Sissy. Tous les chats ne sont pas des fans du harnais, et vous devez respecter ses préférences personnelles.

5 Une fois qu'elle aura accepté de circuler dans la maison en portant le harnais, vous êtes prêtes à l'emmener dehors. Limitez votre première sortie à un lieu sûr, comme votre jardin ou votre perron. N'oubliez pas que le but est de passer en douceur d'une étape à l'autre.

6 Au bout de quelques jours, vous devriez être prête à descendre l'allée du jardin, et même à vous aventurer un peu sur le trottoir. Choisissez une heure où le quartier est tranquille, pour limiter les distractions possibles.

Vous voulez faire de cette sortie une expérience agréable. À moins que vous ne possédiez un de ces chats rares qui adorent les longues promenades, ne faites que de courtes sorties. Si vous habitez une rue très fréquentée, mettez votre chatte dans une poussette pour chat et dirigez-vous vers un endroit tranquille comme un parc, où elle se sentira davantage en sécurité.

Mon chat Mocky est un fier félin porteur de harnais et marcheur à la laisse. Je crois qu'il est un peu jaloux quand il me voit saisir la laisse pour mes deux chiens. Mais quand je rentre, je prends souvent son harnais et sa laisse à lui, en disant : « Tu veux aller dehors ? » Il court alors vers la porte d'entrée. Avec les chiens tout est question de distance, mais Mocky préfère se pavaner, et s'arrête souvent pour respirer les fleurs, se rouler sur le trottoir chauffé par le soleil, et grignoter quelques brins d'herbe. Nous n'allons peut-être pas loin, mais nos brèves balades sont pleines d'aventures pour Mocky.

Au secours ! Mon chat déteste la clinique !

Q **Je redoute d'avoir à emporter mon chat à ses visites régulières chez le vétérinaire. Même quand je ne fais rien hors de l'ordinaire, Oscar semble sentir quand je vais l'emmener à la clinique et il se cache sous le lit. Il me griffe souvent quand je l'attrape pour l'en tirer. Il hurle pendant tout le trajet et une fois là, il se métamorphose en démon. Mon vétérinaire a du mal à l'examiner. Oscar est un chat en bonne santé qui vit à l'intérieur. Puis-je supprimer ces visites ? Elles me semblent davantage une torture qu'un bienfait.**

R La plupart de chats ne sont pas des fans de la voiture, de la poussette et de la clinique. À l'évidence, Oscar ne les place pas en tête de sa liste de ses 10 Activités Félines Préférées. En examinant chez eux les chats effrayés, craintifs, agressifs et ayant la phobie des gens, les vétérinaires obtiennent des résultats plus précis sur la santé de leurs patients. Par exemple, quand ils sont examinés dans une clinique, certains chats affichent des niveaux supérieurs de glucose sanguin, et une pression artérielle plus élevée. Une visite à domicile permet également de rassembler des informations sur l'environnement du chat, qui peuvent aider au traitement. Le vétérinaire voit où sont situées les litières, et assiste aux interactions du chat avec les autres animaux de la famille.

Les visites à domicile se justifient pour les gens qui ont trois chats ou plus ; ne pensez pas à emmener autant de chats en clinique le même jour. Vous risquez que l'un d'eux s'échappe ou de mettre votre santé mentale à l'épreuve plus que ça n'en vaut la peine. De cette façon, vous faites tout en une fois au lieu d'avoir à prendre plusieurs rendez-vous.

Info chat

Le squelette du chat comprend 290 os, à comparer avec les 206 os du squelette humain.

Les visites à domicile sont également la solution pour les personnes surbookées qui ont du mal à caler le rendez-vous de leur chat entre le foot des enfants et leur répétition d'orchestre, pour celles qui ne savent pas conduire, pour les malades, et pour les 'peoples'qui préfèrent ne pas être assiégés par des meutes de chasseurs d'autographes dans une clinique vétérinaire.

Le prix des visites à domicile n'est pas aussi élevé que vous l'imaginez peut-être, mais varient selon les endroits. Alors épargnez-vous les griffures aux bras et le stress d'Oscar en prenant rendez-vous pour une visite à domicile. Consultez vos pages jaunes locales ou Internet pour des adresses.

Chouette ! On déménage !

Q Je déménage dans six mois pour m'installer dans un nouvel appartement avec Misha, mon chat de onze ans. Je me demande ce que je dois faire pour rendre ce changement moins stressant pour lui. Dans le passé, il a eu des problèmes urinaires – tous résolus – accompagnés d'un toilettage excessif, au point de s'arracher les poils. Il est seul toute la journée, mais je joue avec lui tous les soirs. Je dirais qu'il est un peu tendu. Avez-vous des conseils pour que ce changement se passe bien pour lui ?

R Un déménagement, c'est stressant pour tout le monde. Les chats détestent les changements dans leur routine. La vue des meubles déplacés, des objets emballés et d'étrangers entrant et sortant de leur « château » félin peut mettre à l'épreuve leur assurance, et provoquer plus d'un comportement indésirable (comme se cacher et ne pas manger, ou des pipis partout.)

De plus, les chats sont territoriaux. Ils n'aiment pas quitter leur domaine, et dans d'étranges lieux nouveaux, ils ne se sentent pas en sécurité et sont stressés par les nouveaux sons et odeurs, et la recherche de zones sûres.

D'après vous Misha est un peu tendu. Comme un déménagement met à l'épreuve tous les membres d'un foyer, vous serez stressée aussi, et il détectera vos signes de tension. Si vous êtes nerveuse, il en conclura que la situation est grave.

Heureusement, vous pouvez beaucoup faire pour préparer Misha au déménagement et au nouvel appartement. Le plus important est de l'habituer à se sentir en sécurité dans une cage, bien avant le jour du déménagement. Commencez par laisser la cage là où Misha aime faire la sieste. Rendez-la tentante en y plaçant une couverture douillette et en en laissant la porte ouverte. Saupoudrez un peu d'herbe à chat dedans, s'il en aime l'odeur. Vous créez ainsi une association positive avec la cage. Quand Misha aura l'air à son aise dans la cage, fermez-la et transportez-la dans votre voiture. Traînez avec lui quelques minutes sans allumer le moteur. Graduellement, emmenez-le faire de courtes promenades.

À mesure qu'approchera le jour du déménagement, essayez de conserver la même routine dans la mesure du possible. Pour étrange que cela paraisse, parlez-en à Misha et expliquez-lui ce qui se passe. Cela d'un ton optimiste, positif. Il ne comprendra pas les mots, c'est vrai, mais il comprendra votre humeur et votre attitude. Laissez-le renifler et explorer les cartons, les caisses, les paquets, les ficelles et autres fournitures nécessaires au déménagement.

Je recommande que vous et Misha preniez un mélange calmant d'huiles essentielles appelé Rescue. On en trouve dans les magasins pour animaux de compagnie et les boutiques diététiques. Il n'est ni toxique ni addictif. Pour vous, mettez-en quelques gouttes dans un verre d'eau, et pour Misha, frictionnez-en quelques gouttes au bout de l'oreille (le mélange pénétrera dans son corps par les minuscules vaisseaux capillaires des oreilles.) Certains chats doivent prendre un médicament délivré uniquement sur ordonnance – voyez avec votre vétérinaire.

Si possible, postez un T-shirt que vous avec porté, mais pas lavé, à la nouvelle adresse. Autre conseil qui vous paraîtra étrange : arrangez-vous pour frotter les plinthes de l'appartement avec ce T-shirt, pour qu'à son arrivée, votre Misha retrouve une odeur familière.

Le jour du déménagement, gardez Misha dans sa cage dans une pièce vide et mettez sur la porte un écriteau « défense d'entrer. Chat à l'intérieur » à l'intention des déménageurs. Vous pouvez aussi le confier pour la journée à une pension pour chats ou à des amis, où il pourra avoir une pièce toute à lui.

Tandis que vous vous habituerez à votre nouveau logis, gardez Misha confiné dans la même pièce, avec tout le confort possible (bols pour l'eau et la nourriture, litière, lit, jouets). Laissez-lui la cage, pour qu'il puisse s'y cacher s'il le désire. Laissez-le s'habituer à cette pièce pendant un jour ou deux avant de le laisser explorer les autres pièces de l'appartement.

Cette stratégie aide tous les chats, y compris les chats stressés comme Misha, à se sentir chez eux dans ce nouvel environnement. Bonne chance !

Maîtres du Ring

Agilité féline, l'activité la plus récente et la plus fascinante de la Cat Fancier's Association – Association des Amoureux des Chats – est en pleine expansion aux États-Unis, en Europe et au Japon. Bien que le concept en soit similaire à celui de l'Agilité Canine, il y a quelques nettes différences. Quand le chat monte sur le ring avec le soigneur, on lui donne du temps pour explorer l'environnement et l'équipement. Quand il lève la queue, c'est le signe qu'il est prêt. L'arbitre déclenche le chronomètre, tandis que le soigneur encourage le chat avec un jouet, une baguette ou un rayon laser à monter des escaliers et des passerelles, à traverser des cerceaux et des tunnels, et à grimper à des poteaux aussi vite que possible.

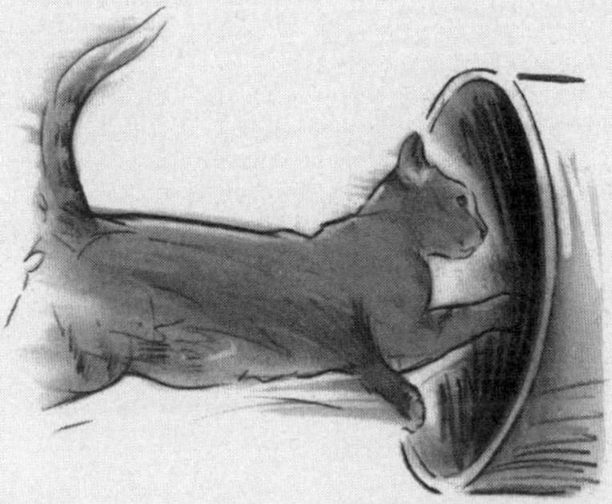

Chats de pure race, chats de gouttière, et chats de refuge, tous sont les bienvenus. L'observation des chats dans des exercices d'agilité a fourni des informations inattendues sur les différences comportementales et les caractéristiques d'une race.

Par exemple, les Abyssins, race très active et sensible, sont comme dans leur élément naturel dans une activité d'agilité. Ils suivent le leurre et sont capables de courir vite, mais souvent ils perdent du temps parce qu'ils sont trop conscients. Un Abyssin s'arrêtera pour regarder quelqu'un dans l'assistance.

Les Bobtails japonais sont aussi une race excellente en agilité. Lors d'un récent concours au Madison Square Garden de New York, un Bobtail de six mois a parcouru toute la piste en 17 secondes. Cette race très active a tendance à être très sensible au leurre, mais s'ennuie vite. Les concurrents ont appris à supprimer les répétitions, et à commencer tout de suite par le concours.

Les Turcs de Van figurent parmi les meilleurs compétiteurs. Ces chats à poil long, larges et puissants, sont disciplinés et ils ne ratent pas un obstacle. Les Maine Coon termineront le parcours, mais ils ont tendance à être lents. C'est une race qui pense, et parfois ils s'arrêtent, peut-être pour réfléchir à ce qui peut se trouver dans le tunnel avant d'y entrer.

Les Siamois et les races orientales sont facilement distraits. Ils réagissent bien au leurre et peuvent courir vite, mais ils peuvent aussi sortir du parcours et s'asseoir. Ils ne sont tout simplement pas motivés pour se presser de finir quoi que ce soit. Les Cornish Rex ont également tendance à être inconstants et irréguliers, mais ils peuvent être rapides quand ils choisissent de l'être.

Les chatons persans sont amusants à regarder sur le ring de l'agilité. Typiquement intrépides et jamais distraits, ils se concentrent intensément sur le leurre, traversent les tunnels et franchissent les obstacles. Toutefois, les Persans adultes ne sont pas aussi rapides que d'autres races. Ils peuvent faire une pause en haut d'un escalier, permettant à tout le monde d'admirer leur beauté.

(Contribution de Joan Miller, juge toutes races)

Seconds maîtres félins

Le chat peut être un compagnon idéal pour quelqu'un qui vit sur un bateau. Les chats les plus indiqués pour une vie de marin sont des chats à poil court (plus faciles à garder propres dans l'air salé), et pourvus de bonnes griffes (pour grimper à une échelle de corde s'ils tombent à l'eau). Ils doivent être à leur aise quand on les transporte dans leur cage et avoir une personnalité facile à vivre. Il faut aussi qu'ils soient entraînés à la laisse, et qu'ils acceptent facilement de porter un harnais.

Sur la route

Q Mon mari termine son internat. Quand il aura fini, nous avons l'intention de descendre dans le midi. Je m'inquiète de la façon dont ma chatte, Lucy, supportera ce long trajet. Elle adore bavarder et exige notre attention quand nous sommes à la maison. Dans sa cage, je l'emmène chez le vétérinaire et ailleurs. Parfois elle miaule, et parfois elle reste silencieuse. L'idée de passer des heures dans une voiture avec Lucy me rend nerveuse, mais nous voulons profiter du déplacement pour visiter un peu le pays. Avez-vous des conseils ?

R Certes, la traversée d'un pays avec un chat mettra votre patience à l'épreuve. Je sais ce que vous allez vivre, ayant moi-même transporté deux chats pour un long trajet il y a quelques années. Gus et Callie ont voyagé dans des cages séparées sur la banquette arrière, chaque cage maintenue en place par la ceinture de sécurité. Callie se comporta en mime muet, mais Gus commença le voyage en hurlant comme un chanteur décidé à établir un record mondial en braillant de grands airs ! Les oreilles ! Le deuxième jour, je devins raisonnable et je donnai à Gus un peu de fleur de Bach Rescue, qui le calma au point qu'il n'émit plus que de rares miaulements jusqu'à la fin du voyage.

Considérons ce voyage du point de vue de Lucy. Un déplacement en voiture est plein de sons inconnus et terrifiants, comme les coups de Klaxon, le bruit du climatiseur ou du chauffage, la radio qui braille. Enfermée dans une cage, ce qui est le moyen le plus sûr de voyager, elle ne sait pas si elle part ou si elle rentre – elle ne peut pas regarder par la fenêtre, et encore moins lire une carte. Les vibrations de la route et les balancements du véhicule sont inquiétants et peuvent même la rendre malade. Le soir, on la trimbalera dans une autre chambre d'hôtel inconnue où elle sera priée de se calmer et de dormir.

Puis il y a le problème des besoins. J'avais équipé la cage de chacun de mes chats d'une mini-litière. Ils se fiaient à leur équilibre et à leur agilité pour s'en servir même à cent à l'heure ou sur une route en lacets. Il est bon que Lucy ait effectué avec vous plusieurs déplacements en voiture dont la destination finale n'était pas la clinique vétérinaire. Il faut qu'elle acquière des associations positives avec le fait d'être déplacée en voiture dans sa cage. Je vous conseille de continuer ces escapades agréables avec elle pour accroître son « kilométrage » de voyages plaisants.

S'il vous plaît, ne vous laissez pas aller à chouchouter Lucy en la sortant de sa cage pour l'asseoir sur vos genoux pendant ce voyage. Le meilleur endroit pour un chat qui voyage en voiture, c'est à l'intérieur de sa cage. Quand les chats ont peur, leur première idée c'est de chercher une cachette – comme sous la pédale de freins ou sous un siège. Et ça, c'est d-a-n-g-e-r-e-u-x !

Ne vous alarmez pas trop si Lucy ne mange pas et ne fait pas ses besoins avant d'arriver à l'hôtel le soir. Quand elle sera calmée après le long trajet, elle sera plus encline à manger, boire et éliminer.

Ne laissez pas Lucy dans la voiture quand vous irez au restaurant, surtout par temps froid ou très chaud. Il suffit de quelques minutes pour qu'un chat tombe malade, ou même meure, d'un coup de chaleur. Choisissez des endroits où vous pourrez l'emporter avec vous dans sa cage, comme par exemple des établissements avec terrasse.

Tous les soirs à l'hôtel, ne manquez pas de couvrir Lucy de caresses et lui faire des massages thérapeutiques. Ils l'aideront à comprendre que, bien qu'elle soit sur la route, elle voyage avec deux personnes qui l'aiment, et qui veillent sur sa sécurité.

Si votre chatte a tendance à souffrir du mal des transports et à vomir en voiture, consultez votre vétérinaire ; il vous donnera un traitement anti-nausée, qui facilitera le voyage pour toutes les deux.

Checklist du chat voyageur

Avant de prendre la route avec votre chat, stockez dans votre voiture les articles suivants :

→ Une cage bien ventilée, au sol facilement nettoyable
→ Des bouteilles d'eau et un bol non renversable
→ Des croquettes, un petit bol, et des friandises
→ Ses jouets préférés
→ Une couverture confortable et familière
→ Une laisse et un collier de secours avec plaque d'identité et numéro de téléphone joignable
→ Une trousse de secourisme
→ Une boîte de litière de voyage, de la litière, des produits de nettoyage
→ Un tranquillisant naturel, tel que la fleur de Bach Rescue
→ Une photo de votre chat au cas où il se perdrait
→ Le dossier médical de votre chat
→ Un rouleau de papier ménager et des sacs en plastique

En pension ou à la maison ?

Q L'été prochain, nous projetons trois semaines de vacances en Europe avec toute la famille, à savoir mon mari, mes parents et nos enfants. Nous sommes tous très excités de faire ce voyage, mais nous nous demandons si nous devons mettre nos deux chats en pension, ou engager un « garde de chat » pour prendre soin d'eux. Les deux options sont coûteuses, mais nous ne voulons pas nous faire du mauvais sang à leur sujet pendant notre absence. Bonnie et Clyde sont frère et sœur et s'aiment beaucoup. Ce sont essentiellement des chats d'intérieur, et ils ont voyagé sans problème avec nous pour aller passer des week-ends chez mes parents. Quelle solution serait la meilleure pour eux ?

R Vous ne trouverez pas beaucoup de chats porteurs d'un passeport. Le foyer, c'est là qu'est le cœur d'un chat. S'ils étaient des humains, certains chats seraient qualifiés d'agoraphobes. Parce que vos chats choisiraient sans doute de rester à la maison, cela vaudrait la peine d'essayer le garde de chats. Car même si votre absence bouleverse leur routine habituelle, ils seront toujours entourés par leurs odeurs familières, et réconfortés d'être sur leur territoire.

Comme les pensions pour animaux de compagnie, la garde de chats est un métier en plein essor. Je vous recommande d'interroger des gardes professionnels, qui sont licenciés et autorisés, et appartiennent à une organisation nationale Un garde de chats sera entraîné à nourrir votre chat, à lui donner ses médicaments et à nettoyer sa litière. Il se chargera aussi éventuellement d'arroser vos plantes, de vérifier que vos portes et fenêtres sont bien fermées, de rentrer le journal et le courrier dans la boîte aux lettres.

Le hic, c'est que les gardes de chats sont des gens très occupés. Théoriquement, ils ne font qu'une ou deux visites par jour à votre foyer. Si un problème, médical ou autre, arrive à Bonnie et Clyde, il s'écoulera peut-être 24 heures avant qu'ils s'en aperçoivent.

Si vous avez la chance d'avoir une amie, un parent ou une voisine de confiance qui accepterait de se charger de leur soin, ce serait une bonne option. Je suis moins partante pour engager des étudiants ou autres qui ne sont pas des gardes de chats formés professionnellement. Leur motivation est financière, et les besoins de vos chats ne sont sans doute pas leur priorité, non par méchanceté mais par ignorance. Rédigez toujours une liste d'instructions sur la façon de s'occuper de vos chats, précisant quoi faire en cas d'urgence médicale.

Info chat

Puss est l'incontestable Mathusalem des félins. Ce chat britannique est mort en 1939 à l'âge canonique de 36 ans.

Maintenant, réfléchissons à l'option pensionnat. En plus des places de garde traditionnelles dans les cliniques vétérinaires, il existe une variété intéressante de pensions spécialisées pour satisfaire tous les caprices de votre chat. Certaines sont luxueuses, avec télévision, musique douce, lit douillet, perchoirs près d'une fenêtre, et autres aménités félines.

Si vous décidez de mettre Bonnie et Clyde en pension, cherchez un établissement réservé aux chats, surtout si les vôtres n'ont pas eu beaucoup de contacts avec des chiens. Un environnement félin sera plus apaisant pour eux, sans tous leurs aboiements, gémissements et hurlements. Il est important que vous visitiez l'endroit avant de vous inscrire, plutôt que de vous en remettre à la publicité et aux informations données au téléphone par le personnel de l'établissement.

Quand vous irez en visite, observez les interactions du personnel avec les pensionnaires félins. Vous voulez des « pères et mères à chats », qui appellent vos animaux par leur nom et qui les câlinent. Renseignez-vous sur les relations du personnel avec les chats, s'il est disponible 24 heures sur 24, et s'il y a un vétérinaire de garde en cas d'urgence médicale. L'établissement doit être propre, et vous ne devez y détecter aucune odeur. Observez bien les pensionnaires et déterminez s'ils vous semblent heureux, ou au contraire nerveux ou effrayés. Et n'oubliez pas de demander que Bonie et Clyde partagent la même pièce. Comme ce sont de proches compagnons, rester ensemble atténuera leur détresse d'être loin de la maison.

Comme votre voyage n'aura lieu que dans quelques mois, je vous conseille de faire un test en mettant Bonnie et Clyde en pension pour un ou deux jours. S'ils semblent très stressés quand vous irez les chercher, cela voudra dire que la vie de pensionnaire, même dans un pensionnat luxueux, n'est pas pour eux.

Alors, que décidez-vous ? Question difficile. Essayez le pensionnat pendant un ou deux jours, attendez une semaine, puis, à votre prochaine visite à votre famille pendant le week-end, arrangez-vous avec un garde de chat et voyez comment ça se passe. À ses réactions, vous devriez voir quelle solution convient le mieux à votre duo. Avec des noms comme Bonnie et Clyde, vous voulez qu'ils soient toujours heureux !

L'âge d'un chat en années humaines

Estimer l'âge de votre félin peut être un exercice frustrant. Le mythe selon lequel « une année de chat équivaut à sept années humaines » n'est rien de plus – qu'un mythe. Les chats obtiennent le statut de seniors à 7 ans, et sont considérés comme des vieillards à 12 ans.

Bien qu'il n'existe pas de méthode scientifique fiable pour convertir l'âge de votre chat en années humaines, les experts pensent qu'un chat d'un an est à peu près l'équivalent d'une personne de quinze ans. Le tableau suivant vous donnera une idée de l'âge de votre chat en années humaines.

Âge du chat	1	2	3	4	5	6	7	8	9	10	11
Âge humain comparable	15	24	28	32	36	40	44	48	52	56	60
Âge du chat	12	13	14	15	16	17	18	19	20	21	
Âge humain comparable	64	68	72	76	80	84	88	92	96	100	

ANNEXES
Adresses et sites utiles

▶ LOOF (livre officiel des origines félines)
1 rue du Pré St Gervais,
93697 Pantin Cedex
Tél. : 01 41 71 03 35 (lundi au jeudi de 09h00 à 13h00 et de 14h00 à 17h30)
http://www.loof.asso.fr

▶ Fédération féline française
2 square Georges Contenant,
75012 Paris
http://www.fffeline.com/

▶ Fondation 30 millions d'amis
40 cours Albert 1er,
75008 Paris
Tél. : 01 56 59 04 44
http://www.30millionsdamis.fr

▶ Fichier national félin
Chats perdus - Chats trouvés
112 114 Avenue Gabriel Péri,
94246 L'Hay-les-Roses Cedex
Tél. : 01 55 01 08 08 -
Fax : 01 55 01 08 03
Site internet : www.fnf.fr
Site télématique : 3617 FELITEL

▶ Société Française de félinotechnie
7 av du Gén. de Gaulle,
94700 Maisons-Alfort
Tél. : 0143751210
http://www.sff-asso.com

▶ Société Centrale Féline de France
Organisme répertoriant les tatouages des chats
24 rue de Nantes -
75019 Paris
Tél. : 01.40.35.18.04.
Fax : 01.40.34.36.20

▶ Société protectrice des animaux
39, boulevard Berthier
75847 Paris Cedex 17
Tél. : 01 43 80 40 66
http://www.spa.asso.fr

▶ Fondation Assistance aux animaux
23 av. de la république, 75011 Paris
Tél. : 01 39 49 18 18
http://www.ferme pedagogique.com/FAAA/

▶ Centres anti-poison
• Lyon (24H/24)
Tél. : 04 78 87 10 40
• Toulouse (9H/17H)
Tél. : 05 61 19 39 40
• Nantes (24H/24)
Tél. : 02 40 68 77 40

▶ Animaux perdus, trouvés ou volés tatoués
Fichier National Félin (chats)
Tél. : 01 55 01 08 08

Les informations ci-dessous concernent uniquement les habitants de Paris :

▶ Fourrière de Gennevilliers
(92) : 01 47 98 43 72 -
Télécopie : 01 41 21 92 54
SPA Gennevilliers :
01 47 98 57 40
ou 01 47 99 35 30

▶ Vétérinaires à domicile (24H/24)
57, rue Boissière
75116 Paris
Tél. : 01.47.55.47.00
http://www.vetoadom.com

▶ **École Nationale Vétérinaire d'Alfort**
Service consultations du CHUVA
7 avenue du Gén. de Gaulle
94700 Maisons-Alfort
Tél. : 01.43.96.73.73

▶ **Urgences et consultants vétérinaires - UCVET (SCM)**
54 rue Stendhal
75020 Paris
Tél. : 01.71.19.70.10

Concernant les autres villes, en cas de perte de votre animal (tatoué ou pucé) :
• Faire une déclaration auprès de la SCC (Société Centrale Canine) et la SIEV (Société d'Identification Électronique Vétérinaire).
• Prendre contact avec votre mairie pour obtenir les coordonnées de la fourrière animale la plus proche de chez vous.

▶ **Griffes de chats :** www.e-dgriffe.com
▶ **Portail animalier :** http://webfelin.com
▶ **Association de protection animale :** http://www.spalechatetlavie.com **et** www.chatsdefrance.asso.fr
▶ **Association pour la prise en charge des chats errants :** http://ecoleduchat14.free.fr
▶ **Association pour trouver des chats :**
• http://www.douceurfeline.com
• http://www.chatsdesrues.fr
▶ **Acquisition d'un chat :** http://www.wanimo.com/fr/chats/info-pratique/?typecfroid=2&catfiche=205
▶ **Association de défense des chats :** http://www.birmania-and-co.com/
▶ **Produits pour chats :** http://boutique.chatsdumonde.com/
• http://www.zoelia.com/cat-chat-22.html
• http://www.savannah.fr/category/univers-chat.html/
• http://www.zooplus.fr/shop/chats/?gclid=COK8qruD8KsCFYMPfAodjSOWJQ
• http://www.feliweb.com/
• http://chatboutic.com/?gclid=CICSw5WG8KsCFW4ntAodpwsglw
▶ **Détecteur de mouvements pour chats :**
• http://www.somfy.fr/accueil/acheter/produits/19908/fr-fr/detecteur-de-mouvement-pour-petits-animaux-domestiques.cfm
• http://www.lamaisondesalarmes.fr/detecteur-de-presence/34-detecteur-mouvement-chat.html
• http://www.domega.fr/informations-alarmes/alarme_maison_chat.php
▶ **Barrières et chatières :** http://www.polytrans.fr/chats/cloture-antifugue-barriere-chatiere/barriere-habitat-chatiere/
▶ **Noms de chat :** http://nom-de-chat.com
▶ **Maternelle pour chat :** http://www.communicationfeline.com/site_francais/maternelle.html
▶ **Salon du chat :** http://www.chatsdefrance.asso.fr/l'expo_feline.htm

Les 41 races de chats

Dans les expositions félines FIFE, les races de chats sont réparties en quatre grandes catégories.

▶ CATÉGORIE 1

EXO	Exotic
PER	Persan

▶ CATÉGORIE 2

ACL	American Curl Longhair
ACS	American Curl Shorthair
MCO	Maine Coon
NEM	Neva Masquarade
NFO	Norwegian Forest Cat
RAG	Ragdoll
SBI	Sacré de Birmanie
SIB	Siberian Cat
TUA	Turkish Angora
TUV	Turkish Van

▶ CATÉGORIE 3

ABY	Abyssinian
BEN	Bengal
BML	Burmilla
BRI	British
BUR	Burmese
CHA	Chartreux
CRX	Cornish Rex
DRX	Devon Rex
EUR	European
GRX	German Rex
JBT	Japanese Bobtail
KBL	Kurilean Bobtail Longhair
KBS	Kurilean Bobtail Shorthair
KOR	Korat
MAN	Manx
MAU	Egyptian Mau
OCI	Ocicat
RUS	Russian Blue
SNO	Snowshoe
SOK	Sokoke
SOM	Somali
SPH	Sphynx

▶ CATÉGORIE 4

BAL	Balinese
ORL	Oriental Longhair
ORS	Oriental Shorthair
PEB	Peterbald
SIA	Siamese
SYL	Seychellois longhair
SYS	Seychellois shorthair

Index

Dépôt légal : février 2012
IMPRIMÉ EN FRANCE

Achevé d'imprimer le 20 février 2012
sur les presses de l'imprimerie « La Source d'Or »
63039 Clermont-Ferrand
Imprimeur n° 15700

IMPRIM'VERT 2012

PEFC
PEFC/10-31-2008

Dans le cadre de sa politique de développement durable,
La Source d'Or a été référencée IMPRIM'VERT®
par son organisme consulaire de tutelle.
Cet ouvrage est imprimé - pour l'intérieur -
sur papier offset « Amber Volume » 90 g
provenant de la gestion durable des forêts, des papeteries Arctic Paper,
dont les usines ont obtenu les certifications environnementales ISO 14001 et E.M.A.S.